子を、親を、児童虐待から救う

先達32人 現場の知恵

鈴木秀洋 編著

公職研

子ども達と親の笑顔を私達が守る―はじめに

　本書は、執筆陣を見れば明らかなように「学術書」であり「実務書」である。児童福祉・児童虐待分野において、これだけの執筆陣による論稿を集めている書籍は他にないものと思われる。筆者が是非見解を伺いたいという研究者・実務者・ジャーナリスト・自治体の長など子どもの安全・安心に心血を注いでいる人達に執筆いただいた。

　子ども福祉に関わっている又はこれから関わるであろうすべての人たちの羅針盤となる書籍であり、スペシャルスーパーバイズ集である。

　日常の業務遂行に悩んだとき、壁にぶつかったとき、その都度開いてみてほしい。必ずや皆さんの悩みなどにフィットする論稿があるはずである。今後の皆さんのバイブルとなることを祈念して編んでいる。

　今、本書が必要とされるのは、以下のような点からである。
(1)　児童虐待の現場に具体的な知見・指針を送る。
　筆者自身は、これまで自治体の児童虐待やDVの現場において相談やケースワークを経験し、チームの指揮をとってきた。今は研究者・自治体のアドバイザーとして、ひたすら全国の自治体の現場を訪ね児童福祉関係者と意見交換をしている。また、野田市虐待死事件と札幌市虐待死事件の検証委員も務めている。

　児童虐待に関しては、目黒区虐待死事件、野田市虐待死事件、札幌市虐待死事件、出水市虐待死事件等が世間の耳目を集めているが、未だに、特別な親による特別な行為であるとの見方がなされ、また警察が積極的に逮捕すれば解決するのだと本気で考えている人が少なくない。マスコミによる理解のない報道等が児童相談所や自治体の福祉・保健・教育部門への激しいバッシングを加速

させる。なぜ防げなかったのか、職員は何をしていたのか、という言説が声高に主張される。自治体組織全体が事件そのものだけでなく、事件に起因する取材対応、苦情、付随業務等により大きな傷を負い続けることになる。何人もの関係職員が心身の故障や退職に追い込まれている。

　本書は、こうした現場の職員らを応援し、具体的な指針を届けるつもりで、現場にいた人間として、今こそこうした書籍が必要であると感じて、執筆陣の人達に知見を分けてもらったものである。

(2)　虐待死事件から学ぶ視点を送る。

　今筆者は、何度も野田市虐待死事件の栗原心愛ちゃんの人生を一緒に歩んでいる。また札幌市虐待死事件の池田詩梨ちゃんの人生も一緒に歩んでいる。両虐待死事件の事実検証・再発防止の検証委員の一員として、記録を丁寧に、何度も読み返し、関係者にヒアリングをし、自分で現地を歩いてみたりしている。

　子ども達の決して長くはなかった人としての人生を、本人になってみて、追体験をしてみる。また、親（父や母や親族）の立場になり、その後、県や市や関係行政機関の立場になり、近所の人になり、という形で、視点を変え、追体験をし、考えを巡らす。記録を読んでいると、様々な場面で、関係する誰かが、どこかで、もう一歩踏み込んだ言葉かけなどを行っていたら、彼女達の人生は続いていたのではないかと、そう思う場面はむしろ死の直前ではなく、はるか前にこそ複数あるのである。

　平成28年の児童福祉法等改正は、子どもの権利主体性を高らかに規定した。それは、お題目ではない。自治体は、これまでの仕事の姿勢、手法を変えなくてはならない。現場で子どもと関わる職員に求められているのは、権利主体としての一人ひとり異なる子ども達の視点から、世の中を見るという手法を身に付けるということである。一人ひとりの声にならない声に耳を傾けて、その環境に身を置いて、話を聞き、関わり方を一人ひとりごとに変える。子ども達との関わりから施策を作り、また施策を変更し、という作業を繰り返すというこ

とである。

　子どもが権利主体であることを保障するということは、児童虐待の防止、DV対応支援、ジェンダー（SOGI）差別、性教育、貧困問題、いじめ防止等、みんな地続きの様々な問題にきちんと向き合うということである。人と人との顔を合わせての丁寧な対応が不可欠であり、時間と労力のかかるものである。それには、児童福祉の現場職員の努力のみでは足りず、人事・企画セクションの人間や自治体トップによる覚悟をもった人事政策、環境作りといった自治体全体での取組みが不可欠となる（本書では自治体トップにも執筆陣として入ってもらった。）。

　公務員の仕事は、個々人の尊厳を守り、権利利益の向上を図っていく仕事である。その人権を守るという仕事を憲法尊重擁護義務（憲法99条）という形で負い、遂行すべき仕事内容は法律に根拠がそれぞれある（法の支配、法律による行政の原理）。個人情報を収集すること、個人の支援のあり方を議論し、家庭を訪問し、相談にのり、物的・精神的サービスを提供すること、こうした様々な権限（児童相談所の職員であれば臨検の権限や、一時保護等の強力な権限）が法律上明記されている。それは、子どもの権利利益を守るための権限であり、そのための身分保障もある。私達は、自分の職務の専門性を自らに問い、更に自分が対象にしている人がどういう人達なのか（例えば0歳児等保育園児、小学生、高齢者、障害者等）を問い、自分達にどういう能力が職務遂行上要求されているのかを、検証し続けることが必要なのである。自らの能力を日々向上させていくことが求められている。

　まずは、知識をブラッシュアップしていかねばなるまい。児童虐待の防止は、児童福祉分野の中でも特に、医療、保健、福祉、教育、法律等様々な知見が求められる。そして、全人力を磨いていかねばならない。保護者とは基本的に対立関係で始まる難しい職務である。児童虐待の現場は、マニュアルでどうにかなるものでない。真に人間と人間が向き合い、テクニックではなく、全人格を震え合わせるような関わりが、是か非かの次元を超えて、実際に求められるの

である。

　自治体の仕事の中で、これだけ、多角的で深い知識が求められ、かつ、保護者等からの罵倒等が日々繰り返されるタフな世界はない。こんなにも直接命と向き合い、苦しく、辛い仕事は他にないといえる。

　しかし、それだからこそ、自治体が公助として最後まで取り組まねばならない分野なのである。「自分たちの一歩」が「子どもたちの命（将来）と養育者を救う」のである。担当する職員の責任は重いが、全人力が試されるこの仕事のやりがいは計り知れない。

　本書を通して、自分を見直し、引き出しを増やしていってほしい。

　本書32人の執筆陣が皆さんを応援している。

鈴木秀洋

＊編著者から本書全体を通じて以下の二点についてお断りしておきます。

　まず、この書籍において取り上げている事例は、プライバシーの観点から一定の加工を行っております。また、各論稿の内容は、基本的に執筆者個人の見解に基づくものであり、所属する組織を代表して論じているものではございません（自治体の長を除く。）。

子を、親を、児童虐待から救う

目次

子ども達と親の笑顔を私達が守る―はじめに……………鈴木秀洋　ⅱ

第1章　研究者・専門家の視点から

自分たちの判断が、子どもの安全を守る……………奥山眞紀子　2
子どもを死に至らしめる親の心理的問題……………西澤　哲　9
児童虐待防止に向けて、自治体現場に足りなかったもの……井上登生　17
目黒事件・野田事件・札幌事件から基礎自治体が学ぶべきこと…山田不二子　22
死亡事例からの学び……………中板育美　26
「誰か助けて」というSOSを受信するということ……………山川玲子　30

第2章　実務者の視点から

1．福祉・保健の視点から

セクショナリズムと前例主義からの脱却……………白田有香里　36
くじけそうになるたびに…　……………鈴木　聡　38
ひるまず、忍耐強く、一人ひとりを支援していく……………木村　朱　40
さらなる子ども家庭支援の改革・改善へ……………吉本和彦　42
子どもの命を守るために……………小島美樹　44
切れ目のない顔のみえる連携へ……………竹下将人　46

2．心理の視点から

「心理」職としてチームに携わる……………伊東沙季　48
新しい知見を積極的に活かす……………宇都宮千賀子　50

3．保育・教育の視点から

目の前の母子のため、前例を超え、前例をつくる……………鈴木八重子　53
児童虐待を防ぐために、教育現場で留意すべき5カ条……鈴木　智　56
設立の熱い思いに応えよ……………土居和博　58
子ども自身が、生きていく力を養うために……………下野厚子　60
担任教師だからできること……………新崎綾子　62

4．地域・伴走者の視点から
　少女への性的搾取を生む社会を変える、大人の責任………仁藤夢乃　65
　ドメスティック・バイオレンスと児童虐待……………………西山さつき　68
　"さよなら"から始まる養育支援………………………………橋本達昌　70
　虐待を受けた子ども、支える里親に必要なもの……………齋藤直巨　72
5．弁護士の視点から
　子どもの人権擁護と弁護士の役割……………………………山下敏雅　74
　自治体法務の視点から見た児童虐待問題……………………船崎まみ　79
6．警察の視点から
　警察における児童虐待対策の考え方…………………………河合　潔　85
7．検察の視点から
　検察における児童虐待事件への取組…………………………浦岡修子　91

第3章　ジャーナリスト・自治体トップの視点から
1．ジャーナリストの視点から
　児童福祉に関わる自治体職員へ「子ども現場を見てきて」……坂根真理　96
　支援者に求められていること…………………………………杉山　春　101
2．自治体トップの視点から
　虐待死事件からの学びと覚悟…………………………………永松　悟　107
　子どもの生命に関わる自治体職員へ…………………………保坂展人　111

　児童虐待防止法等の今後の展望―おわりに…………………鈴木秀洋　117

第1章

研究者・専門家
の視点から

第1章

自分たちの判断が、子どもの安全を守る

奥山眞紀子
小児精神科医・元国立成育医療研究センター副院長

　平成28年の児童福祉法（以下、児福法）改正により、子どもが権利の主体であり、その権利擁護を行う子ども家庭福祉の最前線は市町村であることが明確に定められた。その法律の施行から1年たっていないうちに、目黒虐待死事件が起き、その後野田市事件、札幌市事件と社会に大きな衝撃を与えた事件が立て続いた。無念にも幼くして人生を絶たれた3人から学び、改正児福法を基盤にして、地域の子ども家庭福祉がこのような事例にどのように対応すべきかを考えることは重要である。特に、国連が子どもの権利条約を採択して30年、日本がそれを批准して25年目に当たる今年こそ、地域子ども家庭福祉の原点としての子どもの権利を意識した家庭福祉を発展させるべきである。そのためには、子どもの権利条約をもう一度見直してほしい。

　本稿では、医療者として、地域の子ども家庭福祉と協働して子ども虐待に対応してきた立場から、結愛ちゃん、心愛ちゃん、詩梨ちゃんの死を、そしてその陰にある虐待で命を絶たれた子どもたちの死を無駄にしないという意識で、今後の地域子ども家庭福祉の在り方について論じてみたい。ただし、これら事件の詳細を知る立場にはないので、私が有する情報をもとに語ることをお許しいただきたい。

地域での死亡事例検証の重要性

　虐待死亡事例が起きた時、現場で関わっていた地域の福祉や要保護児童対策地域協議会（以下、要対協）で検証を行うことは、その時々の情報やそれに接した感情、判断、などが詳細にわかる点でも欠かせないものである。実際、死亡事例から学べることは非常に多い。子どもの死を無駄にしないという視点からも、地域の子ども家庭福祉関係者で検証を行うことは重要である。現在、児

童虐待の防止等に関する法律で国および地方公共団体の責務として重大事例検証が義務付けられているが、国は「地方公共団体」は都道府県という解釈を提示しているので、検証は都道府県が行うものと考えている人が多い。市町村や要対協、中には市の保健のみでの検証なども行われている。報告書が公開されていないことが多く、その内容を把握するのは困難である。しかし、国の検証委員会で地方公共団体による検証を検証した際、要対協による検証の意義を再確認したこともある。

一昨年、研究班としてまとめた「都道府県・指定都市・特別区・児童相談所設置自治体　子ども虐待重大事例検証の手引き」[1]では、市区町村、職場等の検証を勧めている。その重要性は国や都道府県の検証に携わってきた班員たちの共通の意見であった。是非、一読していただき、死亡事例はもとより、重大事例があったら検証する態度を身に付けてほしい。

今回の3事例に関して、野田市は委員会を設置しているが、その他は関係した市や区、もしくは職場での検証が行われているのかは不明である。是非、現場の職員を中心とした検証を行ってほしいものである。

子どもの成長発達・母子手帳の重要性

子どもに関わる地域の専門家であれば、子どもの成長・発達を観る目は欠かせない。成長とは大きさが大きくなること、発達とは機能の分化、つまりできることが多くなることを指す。結愛ちゃんと心愛ちゃんは、重篤な虐待開始がある程度の年齢になってからであったせいか、乳児期から乳児期早期の成長・発達の問題は大きくなかった。しかし、乳児期からのネグレクト等の問題は成長・発達に大きな影響を与え、それが虐待の発見にもつながる。

詩梨ちゃんは極端な成長障害があったとのことである。1歳6か月で4か月時の体重、6〜7か月時の身長であった。それ自体、危険な状況である。ただ、乳児期からの低栄養のせいか、身長も伸びなくなり、バランスがよく見え、一見痩せているように見えないことがある。それでもその成長は一見して異常とわからなければいけない。器質性の疾患の可能性もあり、また、社会的背景から考えれば、非器質性成長障害の可能性は高いことから、ネグレクトの危険も

考えて要対協の対象とすべきであるし、何より、医療機関への同行受診・入院は欠かせない状況であったのではないかと考えられる。

詩梨ちゃんの発達状況はメディアに出ていないが、あれ程の成長障害があれば、遅れがあった可能性は高い。子どもの運動発達、言語の発達、認知の発達、関係性の発達など、子どもの発達を知ることも重要である。子ども家庭福祉に関わる人は、道を歩いていて、子どもに出会ったら、何カ月レベルか、何歳レベルかを推定し、聞けるときは「可愛いですね、お幾つですか？」と聞いてみて、どのぐらい当たっているかを確かめてみるとよい。それにより、成長・発達がどのぐらいかを判断できるようになる。

また、就学前の子どもに関しては、母子手帳を見る癖をつけることも重要である。母子手帳には成長発達に関する情報が記載されている。成長曲線で身長体重の増加がわかるが、正常から徐々に離れていないか確認することが特に重要である。また、発達状況を親がどのように記載しているかも親の状況を知る上での重要な情報である。

子どもの外傷・暴力の形の危険性の判断

結愛ちゃんは外傷で虐待が疑われた。心愛ちゃんは暴力を訴えた。いずれも、保護された時点では、それほど重篤な外傷とは言えない状態であった。しかし、結愛ちゃんの耳介の外傷は虐待に特徴的な外傷であり、顔面に多い傷は加害者の衝動性を表し、危険な傷である。また、2回目の保護の時点での腹部の傷は蹴られたりして起きるものであり、腹部は守られていないために内蔵に損傷が起きる危険が高いものである。心愛ちゃんの外傷も顔の外傷であり、加害者の衝動性がうかがわれるだけではなく、アンケートに書かれた暴力は、加害者の衝動性と執拗な傾向が見て取れ、危険の高いものである。加えて、心愛ちゃんには精神医学的にも悪夢などのPTSDが疑われる症状があったという。つまり、2人の外傷は保護された当時の重篤度は低くても、危険度が高い虐待なのである。

子どもに「痣」や「噛み跡」があると、保育園・幼稚園・学校などから市町村福祉に連絡が来ることは多い。結愛ちゃん、心愛ちゃんからの学びを考えれ

ば、まず重要なのはその位置・形状などをできるだけ早く確認して記録に残すことである。写真を撮るときには大きさのわかるものを一緒に撮る必要がある。また、写真は専門的に撮らないと、後でみるとわかりにくい写真になっていることが少なくない。写真を撮ったからといって安心せずに、必ず記録を残すことが求められる。傷の部位、大きさ、色、形状などを記載することが必要である。

　虐待のことをよく知っている医療機関を受診させ、その傷の記録を残してもらうことも意味がある。例えば心愛ちゃんの場合では、「顔の傷は内部に細かい骨折を伴う場合もあるので受診させる」と親に告げて医療機関を受診させることもできる。初期対応を行った上で、その記録をもとに要対協などで関わっている医師か、虐待のことをよくわかっている医師に相談することが求められる。

子どもの心理、親子・家族の関係性や病理を見る視点が重要

　どのような時にも子どもの立場になって、子どもがどのように感じているのか共感性を持って考えることが必要である。結愛ちゃんや心愛ちゃんは折角SOSを出し、家族が変わってくれることを期待して家に戻ったのだが、再び虐待が始まり、更には打ち明けたことを責められた可能性がある。そのような子どもの立場や心理を想像できなければ、子どもを救うことはできない。常に、子どもの立場になって、その気持ちを想像することが最も重要である。

　それに加えて、子どもは家族の中で成長・発達を遂げていく。子どもを守るためには、家族関係を判断する力を持たなければならない。結愛ちゃんの母親は19歳出産、心愛ちゃんの母親は20歳出産であり、いずれも現代の標準からは若い出産である。それにどのような背景があるのか、どのような家族で育ったのか、メディア情報からは見えてこない。しかし、支援している福祉は把握しておく必要がある。

　結愛ちゃんを死に至らしめた継父は、職場では問題のない男性だった。おそらく、途中から親になったこと、考え方に融通が利かず、「あるべき」にとらわれる認知の偏りがある可能性や、子どもや妻への共感性が低い可能性がある

と考えられ、しつけのつもりの行動が自分を表現できる能力を身に付けていた結愛ちゃんへの虐待のエスカレートを招いたことが推測される。心愛ちゃんを虐待したのは実父であるが、心愛ちゃんが生まれてから7年間一度も一緒に暮らしたことはなく、途中から親になったと言える。つまり、同じく途中から親になった強い偏りのある親が、支配しようとして、抵抗できた心愛ちゃんへの暴力をエスカレートさせていった可能性がある。

国の死亡事例検証結果の分析から、1歳未満の虐待死の背景としては「泣き声にいら立って」という動機が最も多いが、1歳以上は「しつけのつもり」が最も多く、「しつけのつもり」群はその他の死亡事例に比較して、低年齢出産、DV、継父や養父、転居が多いといった項目が有意に高率であった。年齢が低く出産して自信がない母親と途中から親になって「しつけなければ」と思う父親や「支配したい」と思う父親、すでに自己主張できるようになっている子ども、という組み合わせが影響しているものと考えられる。更に、父親のリセット志向性が転居の多さにつながっている可能性もある。

ただし、それぞれの精神病理は必ずしも同じではない。結愛ちゃん、心愛ちゃんの加害者である父親の精神病理と治療可能性は違いがある可能性が高い。結愛ちゃんの父親は子どもに対する認知の問題を有しているものの、他者に対する操作性や攻撃性はそれほど高いものではない。一方の心愛ちゃんの父親は高い操作性を持ち、礼儀正しさと恫喝を利用しながら支援者を分断していく巧妙さを有しているし、逮捕後も自分の行為を認めない姿勢は自分の心に近づけさせない強い意志を感じる。結愛ちゃんの母親は、支援も受け、迷いつつ夫の暴力を止めることができなかった。一方の心愛ちゃんの母親は完全に父親に支配されていたせいか、支援につながることがなかった。

つまり、家族の中でどのようなプロセスで虐待が起きているのかを推測する必要がある。それなくして、支援を組み立て、虐待をなくして、子どもを守ることはできない。つまり、親の精神病理、家族病理の判断が非常に重要なのである。地域でソーシャルワークを担当する相談員や福祉担当者に、家族をアセスメントする能力とそれを表現する能力を身に付けてほしいものである。その

支援を受け入れない家族への対応〜地域の多様な力を利用する〜

　今回の3家族はリスクが発見されていながら、支援を十分に受け入れていない。しかし、支援が受け入れられないからといって、放置することは許されない。支援を受け入れない家族ほどリスクは高い。

　一方で、児童相談所（以下、児相）に比べて、市区町村福祉の方が接触の機会は多い。就学前であれば母子保健が、健康を理由に接触することが可能であり、保育園に入っていればその連携も可能である。就学後は学校との連携が重要になる。つまり、市区町村の福祉は多くの職種との連携が可能である。市区町村内でも母子保健、DV担当、生活保護担当、保育園など、様々な分野の連携が可能であり、要対協での多職種連携も可能であり、教育、医療、警察、民生児童委員、NPOなどの民間機関などとの連携もできる立場にある。地域にある様々な資源との関わりを日ごろから強め、それらの力を利用して、子どもや家族に近づき、ニーズに合った支援を行うことをあきらめずに行う必要がある。

マニュアルだけに頼るソーシャルワークでは子どもは守れない

　子ども、家族、地域との関係など、子ども家庭福祉は複雑系である。簡単に結論が出る問題ではないし、予測も完璧にできるものではない。ある仮説を立てて支援を行い、定期的にその仮説を見直していく必要がある。チェックリストやガイドラインでの対応だけでは不可能なのである。上記のように、虐待が起きているプロセスを考え、チェックリストやマニュアルは、その参考にする程度で考える必要がある。

　常に、原点に戻って自分で考える癖をつける必要がある。そのためには、一般論としての知識とともに、福祉現場での智慧が必要となる。対人援助では自分自身がモニターとなる。自分が受けた感覚は相手の周囲、家族が受ける感覚である。自分の感性を研ぎ澄ますことも必要となるし、同僚や他職種の感覚も大切にする必要がある。その意見が異なるとき、安全であるという結論に意見が傾きがちであることを意識し、そちらの意見の人数は少なくても子どもの安

全が守られない可能性を重視することが大切である。結愛ちゃんの場合も医療者などは危険性を感じていたが、その意見が取り上げられることがなかった。危険を訴える人が何故そう思うのかを十分に聞いてその危機感を重視する必要がある。

子どもの権利を守る姿勢を貫く

その原点となるのは、子どもの権利を守る姿勢である。子ども虐待は子どもへの最も重大な権利侵害である。自分たちの判断が子どもの安全を守り、子どもの発達を含めた子どもの権利を守ることにつながるという信念を持ち、自分が子どもの権利を守るために必要と考えたことは、しっかりと主張し、納得がいくまで議論する必要がある。目黒区の子ども家庭支援センターは、リスクを考えて家庭訪問することを児相に連絡したが、児相が「自分たちで行く」と止めたと言われている。児相が訪問するなら、同行で訪問することが望ましいかもしれないし、別々の訪問の方がよい結果が出ることもあるかもしれない。情報を集めてその判断をし、別々に訪問するなら、互いの訪問結果をしっかりと聞くことが必要である。児相が関わっていても地域の関わりがなくなるわけではない。自分で考え、他人と意見を交わし、判断し、支援を組み立て、その結果を判定して、支援方法を見直していくことが求められているのである。

子どもを守る地域づくり

子ども家庭支援の中心は市区町村に移り、その重要性は高まっていく。子どもを守るのは地域の力である。地域の社会資源をつなげるなどで、地域力、つまりソーシャルキャピタルを高めることも求められているのである。

(1) https://www.ncchd.go.jp/kokoro/medical/pdf/kenshotebiki2017.pdf

1．研究者・専門家の視点から

子どもを死に至らしめる親の心理的問題

西澤　哲
山梨県立大学人間福祉学部教授

親の心理分析の必要性

　筆者は、1980年代初頭から、虐待やネグレクト等の不適切な養育によってトラウマ関連障害やアタッチメントに関する問題を持つに至った子どもたちの心理療法や心理的ケアに取り組んできた。そして、子どもの心理的な支援においては、親や家族の問題を扱うことが不可避であるため、2000年代の初頭から、虐待が生じる家族や親の社会心理的な特徴に関する調査や臨床的な研究を行うようになった。こうした経緯から、筆者は、2004年から2008年にかけて厚生労働省の虐待死亡事例検証委員会に参加し、虐待死亡事例の親・家族の心理的な特徴の分析に携わった。その後、子どもを死に至らしめる深刻な虐待の背景にある親の心理の理解を深めることを目的に、虐待死亡事件の刑事裁判の判決文の分析（以下、判決文分析とする；西澤、2012、2013）や、刑事裁判のための心理鑑定（情状鑑定）を行ってきた。本稿では、筆者のこれらの臨床活動や調査・研究活動に基づき、虐待死亡事例の親・家族の心理社会的特徴を述べていく。

　虐待死亡事例は様々な心理社会的要因が複雑に絡み合った結果として生じるものであるが、その全体像を俯瞰することは、紙幅の関係で不可能である。そこで、本稿では、身体的虐待による死亡とネグレクトによる死亡に大別し、こうした事例における親の心理状態について見ていくこととする。

　なお、本稿の記述に際しては、先述の判決文分析（以下、判決文分析とする）に、筆者自身が心理鑑定を担当した事件に関する記述を入れ込む形で述べることで、事件の被告人である親のプライバシーを保護することとする[1]。なお、西澤（2013）は、判例データベースである『Westlaw JAPAN』を用い、

第1章

検索ワードを「児童」、「虐待」、「死亡」として過去10年間の子ども虐待の死亡事件の判例を検索し、19事件（死亡した子どもの数は23人）を抽出、分析したものである。

身体的虐待による死亡について

　判決文分析では、身体的虐待で死亡した15事例中、加害者が、父親（本稿では、特に断りがない限り、継父や母親の内縁関係の男性等を含むものとする）であったものが11事例（73.3％）であり、母親（継母や父親の内縁関係の女性等を含むものとする）が加害者となった4事例（26.7％）を大きく上回った。厚生労働省の福祉行政報告例（以下、報告例とする）によれば、2017年度の児童相談所の虐待相談対応件数133,778件のうち、主たる加害者が父親であったのは62,600件（46.8％）であり、主たる加害者が母親であった事例は63,533件（47.5％）となっている。つまり、虐待一般では父親が加害者になることが半数以下であるのに対して、虐待死亡事例では大半の加害者が父親であることになる。これは、父親の身体的な力が行使された場合に、子どもが死亡に至る可能性が高くなることを意味していると言える。

　母親が加害者となった身体的虐待による死亡事例4例では、実母が加害者となったものが3件（75.0％）であったのに対し（2017年度報告例によると、虐待一般では、母親に占める実母の割合は98.8％）、父親が加害者となった11事例では、7事例（63.6％）が継父や母親の内縁関係の男性等となっている（2017年度報告例では、虐待一般で「実父以外」が加害者となったものが13.1％）。つまり、一般の虐待事例と比較して、死亡事例では、実母のパートナーなど「継関係」にある父親（以下、継父とする）が加害者になることが非常に多いことがわかる。

　虐待死亡事例において継父が加害者となる事例が多いのは、Gellesら（1987）が指摘するような生物学的な要因による可能性は否定できないものの[2]、判決文分析や心理鑑定の結果からは、次のような心理社会的要因の存在が示唆される。

　継父の身体的虐待による7件の死亡事例の中で、継父の体罰等の身体的虐待

が「しつけ」という名目で開始され、それに対する子どもの反応（なつかない、いいつけを守らない、反抗的な態度をとる、遺尿や盗食、万引きなどの問題行動を示す）によって、継父の行為が次第に激しい暴力へとエスカレートするという経過をたどったものが４事例見られた。こうした事例では、継父が、母親のしつけのあり方を否定し、子どものしつけの主導権を握ることで、家族における立場を確立しようとする心理が窺われた。しかし、こうした継父のしつけに対する子どもの反応は、上記のような否定的なものとなることが多く、その結果、継父の「面子」が潰されることになり、継父の子どもに対する怒りの激化につながったと推測される。ある事例で、継父は、「子どもに自分の言うことをきかせることができないと、自分に対する母親の『敬意』を失うと感じて怖くなった」と述べている。

このように、継父による虐待死亡事例では、既存の母子関係に介入し、家族内における地位を確立しようとする継父の心理状態や家族力動が重要な意味を持つ可能性がある。

暴力を生じる父親の心理について

判決文分析における父親の暴力による死亡事例８事例のうち、失職や無職、多額の借金、経済的な見通しのなさなど、父親が社会生活において無力感や無能感を抱えていると推測されたものが５事例あった。また、こうした無力感を持っていると推測された５事例のうち、３事例に、母親や子どもに対する父親の支配性が推測される記述が判決文中に認められた。こうしたことから、子どもを死に至らしめるような激しい暴力の背景には、子どもや妻などの家族の構成員を支配することによって、社会生活等における無力感や無能感を購おうとする父親の心理が存在する可能性があると言える。

ある事例では、父親は「だらしない生活や、何をやっても上手くいかない自分のふがいなさに苛立っていた。仕事がない日には、朝からアパートで酒を飲んで、嫌気を紛らわしていた。些細なことで腹が立って妻と口喧嘩になり、そのために泣き出した子どもに無性に腹が立った」、「仕事を無断欠勤して、経済的に大変な生活に自己嫌悪と苛立ちを感じながら、朝から自宅で酒を飲んでい

第1章

た。そのうち、子ども（1歳3ヶ月の女児）がぐずり泣きを始め、どうしようもない、情けない気持ちになった」と述べており、その後、子どもを死亡させる激しい暴力が生じている。こうした供述から、父親が日常的に無力感や無能感を抱いており、それが子どもへの怒りや攻撃性につながっていたことが示唆される。

　また、別の事例では、父親にはギャンブルによる多額の借金があり、そのために「夜逃げ」の形で遠方に転居しているが、その直後に子どもに対する暴力が激化している。その後、医療機関からの通告によって児童相談所が介入を試みた直後に再び転居し、この転居の直後にも暴力が激化し尋常ではない暴力行為に至っている。父親は、「借金の返済が大変で、もうどうにもならなくなった。逃げるように家を出た。お先真っ暗な状態だった。そんなときに、子どもがぐずったり言うことを聞かないと、『お前まで俺を困らせるのか』と思って暴力を振るってしまった。それで、児童相談所に目をつけられて、これからどうなってしまうのかと考えて辛くなって、怖くなった」と述べている。外見上は圧倒的な力を持つ父親が、弱者である子どもに対して極めて残虐な暴力を振るって死亡させたという事件である。しかし、その父親は、夜逃げや児童相談所の介入を回避するための転居といった出来事によって無能感や無力感を味わい、恐れおののきながら、子どもに暴力を振るっていたわけである。

　こうした父親の無力感等に由来する家族構成員への支配性は、パートナー間暴力（いわゆるDV）の心理的特徴だとされているが、判決文分析では5事例にDVの存在が確認されており、また、心理鑑定の事例でも、DVが合わせて確認されることが少なくなかった。父親による虐待死亡事例では、DVとの関連を含め、父親の無力感とそれに由来する支配性と、子どもへの暴力の関連性を十分に検討する必要がある。最近、社会的に注目を集めた虐待死亡事例に東京都目黒区の事例や千葉県野田市の事例があるが、両事例とも子ども虐待とDVとが並存していた。しかし、児童相談所等の関係機関がDVの深刻性を認識していなかった、あるいは過小評価していたために子どもの虐待死を防ぐことができなかったと言えるのだ。

ネグレクトによる死亡と母親の心理について

　判決文分析の対象事例では、死亡した子ども23人のうち、ネグレクトによるものが8人（34.8％）であり、うち7人が衰弱死であった。また、直接の死因は暴行等による身体的外傷であったものの、事例の経過中にネグレクトとそれにともなう子どもの衰弱が認められたものが2人であった。この2人を加えると、ネグレクトを受けていたのが、23人の43.5％にあたる10人となる。また、心理鑑定事例でも、ネグレクトによる衰弱死の事例が複数あった。これらの結果から、子どもの死亡事例においては、ネグレクトによるものが少なくないと言える。こうした特徴は、厚労省の虐待死亡事例検証の結果からも指摘される。これまで厚労省が検証の対象とした虐待死亡事例779例中28.2％にあたる220事例が、ネグレクトによる死亡であった（厚生労働省、2019）。

　一般的に、ネグレクトは子どもの死亡にはつながらないとの認識が持たれがちであるが、実際にはネグレクトによって死亡する子ども、あるいはネグレクトによって衰弱していく経過において激しい暴力によって死亡する子どもは決して少なくないことを関係者は十分認識すべきである。

　ネグレクトによる死亡の多くは、母親が主たる加害者であった。こうした母親に共通して見られる心理的特徴に、依存をめぐる問題があった。

　判決文分析では、依存の問題は母親のみではなく、19事例中4人の父親にも認められた。アルコール依存が疑われる父親が1人、パチンコ等のギャンブル依存（病的賭博）が推定される父親が3人（うち1人は覚醒剤依存を合併）であった。

　それに対して、依存の問題を抱えていると思われる母親は7人であり、父親よりも多いことが示された。特に、ネグレクトによって子どもを死に至らしめた母親のほとんどが依存をめぐる問題を抱えていると推測された。この7人の母親のうち、男性依存もしくはセックス依存が疑われる母親が6人であった。こうした母親には、子どもに対する母親としての立場と、男性に対する女性としての立場が葛藤を起こし、結果的に女性としての立場を優先することで子どもに対する母親性の放棄につながるという、いわば『母親－女性葛藤』といっ

第 1 章

た心理状態の存在が窺われた。

　このように、判決文分析では、依存をめぐる問題は父母ともに認められるものの、父親よりも母親に優勢であり、父親がアルコールや覚醒剤などの物質依存、あるいはギャンブル依存であるのに対して、母親の多くは男性依存という対人依存の態様をとることが示唆された。

　薬物依存や対人依存といった依存をめぐる問題の多くは、本来は乳児期から子ども期にかけて適切な養育によって充足されるべき依存・愛情欲求の未充足に由来すると考えられる。そして、子どもは、とりわけ乳幼児期には、親に対して絶対的な依存状態にあり、その時期の子どもの養育は子どもの依存欲求を満たすことが中心的な要素となる。しかし、自分自身が依存欲求をめぐる葛藤を抱えている親にとっては、子どもの依存性に適切に応えることが非常に困難となると考えられる。そのため、子どもの依存欲求に適切に応答できずネグレクトに至ったり、あるいは子どもの欲求が親にとっては「やっかい」なものと認知され、子どもへの攻撃が生じる可能性があると言える。

　子どもが家庭内で衰弱死した事例の心理鑑定では、母親に、子どもに対する強い同一視が生じていたと推測される事例があった。この母親は、自身が乳幼児期に得ることができなかった適切な養育による依存欲求の満足を、自分の子どもに対して提供することによって代理的に得ていたかのようであり[3]、この時期の母親の養育は非常に健康的なものであったと考えられた。しかし、母親に男性依存的な行動が見られるようになった途端に、子どもへのネグレクトが生じ、以降、子どもが衰弱死するまでネグレクト状態が継続している。この事例では、子どもを養育することによって間接的に得られていた母親の依存欲求の満足が、男性との関係で満たされるようになり、その結果、子どものネグレクト死が生じたと考えられた。また、別の事例の加害者である女性は、成育歴に由来する依存欲求の未充足が男性への過度の依存を生じ、それが10代後半での婚姻、若年妊娠および出産につながったと考えられた。母親は、結婚、出産後も依存の問題を抱え続け、子どもの実父である夫に対して支配関係を形成するようになった。こうした夫婦関係において、母親は、夫が子どもに対して関

心を示すことに嫌悪感を持つようになり、子どもとは、夫の愛情をめぐる、いわばライバル的な関係に陥ってしまった。こうして、母親が自身の依存欲求の満足に固執することで、子どもが家庭内で衰弱死するという結果に至ったわけである。

なお、わが国の出産に占める10代の母親による出産（いわゆる若年出産）の割合は1.3％程度であるのに対して、国の検証の対象となった死亡事例における若年出産の割合は17.8％となっており、若年出産が虐待死のリスク要因であることが示されている。若年出産と虐待との関連について、一般的には「母親が若年で未熟であったため」と理解されている。しかし、未熟性のみで子どもの死亡という重大な結果を説明することはできないと思われる。こうした事例を理解するには、母親の依存をめぐる心理的問題が若年妊娠に繋がり、また、その後の虐待死を生じる要因ともなったという視点が必要ではないだろうか。

親・家族のアセスメントの重要性

本稿では、子どもを死に至らしめる親の心理的な特徴として、父親の無力感・無能感と、それに起因する支配性、母親の依存をめぐる心理、とりわけ男性依存といった心理状態を指摘した。こうした心理的問題は、おそらく、親自身の成育歴上の問題と関連していると推測される。判決文分析では、中学生の頃の父親との死別体験や母親の難病のために高校中退を余儀なくされた父親や、幼少期に身体的虐待を受けて児童養護施設で養育された母親など、成育歴上の問題が明らかになっているものが含まれていた。子ども虐待事例に関わる関係者は、成育歴を含め、本稿で述べた親の心理的特徴を意識しつつ、親や家族のアセスメントを行う必要があると言えよう。

⑴ 心理鑑定の結果は、通常、刑事事件の公判廷において提示されるため、その内容はすでに公開されたものであると考えられる。しかし、心理鑑定において鑑定人が知り得た情報は、あくまでも被告人が自らの「情状酌量」のために提供したものであり、それを論文等で執筆することは、情報の目的外使用に当たる可能性があると考えられる。そのため、本稿では、筆者が担当した心理鑑定の内容の全体像を示すことはせず、すでに公判廷で明らかになっている内容の部分的な引用に止め、また、被告人のプライバシーの保護のために、こうした論述の方法を採用した。

⑵ Gellesら（1987）は、継父や継母による虐待死亡事例が多く見られるのは、加害者と子

第 1 章

どもの間に生物学的、遺伝的なつながりがないからであり、その点で、死亡事例は、死亡に至らない虐待事例とは質的に異なるのではないかと推測している。
⑶ この母親は、乳幼児期から思春期にかけて、母親による深刻なネグレクトを含む不適切な養育を経験していた。

【参考文献】
Gelles, R. J. & Lancaster, J. B. *Child Abuse and Neglect: Biosocial Dimension.* De Gruyter, 1987.
厚生労働省「子ども虐待による死亡事例等の検証結果等について」社会保障審議会児童部会児童虐待等要保護事例の検証に関する専門委員会第15次報告書、2019年
西澤哲「虐待死亡事例における保護者の心理社会的特徴の分析：その2　刑事裁判の判決文の分析を通して　その1」厚生労働科学研究費補助金事業（政策科学総合研究事業）「我が国におけるチャイルド・デス・レビューに関する研究」平成24年度総括・分担研究報告書（研究代表者：小林美智子）、2012年
西澤哲「虐待死亡事例における保護者の心理社会的特徴の分析：その3　刑事裁判の判決文の分析を通して　その2」厚生労働科学研究費補助金事業（政策科学総合研究事業）「我が国におけるチャイルド・デス・レビューに関する研究」平成25年度総括・分担研究報告書（研究代表者：小林美智子）、2013年

1. 研究者・専門家の視点から

児童虐待防止に向けて、自治体現場に足りなかったもの

井上登生

医療法人井上小児科医院院長

　子どもたちは人間社会において最もvulnerableな一群である。適切な和訳のないvulnerableだが、「(適切な養育環境にないと、)無防備で、攻撃を受けやすく、すきだらけで、弱くて、傷つきやすく、感じやすく、影響を受けやすい」等の意味で筆者は使用している。

　そのような子どもに困難な状況が発生した時、子どもが助けを求めても養育環境が適切でない、あるいは助けを求めたのに養育者や大人に逆に叱られる・身体的暴力や無視や言葉による心理的な暴力を受ける、ひどい時は助けを求めた結果その代償に性的な行為を要求されることもある。そのまま亡くなる事例もあるが、生き残った場合でもこのようなことが続くと、子どもは助けを求めなくなり、自分なりに解決する方法を模索し始める。しかし、充分な経験がないので、その子なりの解決法で必死に何とかしてその場をしのぐようになる。

　このような方法を子どもが身につけるとその行為が反応性愛着（アタッチメント）障害、反抗挑戦性障害、行為（素行）障害、反社会性パーソナリティ障害、注意欠如多動症、小児うつ病など、子どもにとって必ずしもプラスにならない診断名をつけられるようになる。

　一方、子どもが健康で順調に育つ定型発達に必要な場を提供するためには、健康で安定した強い絆で結ばれた家族が必要である。そのためには、その家族が住む地域との社会文化的なつながり、家族が必要とする支援や住まい、経済的な安定が保障される必要がある。

　厚生労働省が毎年行っている子ども虐待による死亡事例等の検証に関する専門委員会の報告によれば、第1～15次報告における子どもの虐待死亡例は779人、心中で亡くなった子どもは527人であり、この委員会を通じ明らかになっ

第1章

た死亡例だけで計1306人となる。虐待死亡事例数は減少しているが、逆に、本書刊行のきっかけとなった目黒事件、野田事件、札幌事件などの検証で、かかわった機関の支援のあり方、死亡後の支援者の説明などを聞いていると、亡くなった子どもたちの声なき声が聞こえ、子ども虐待予防事業に長く関わってきた者として居ても立っても居られなくなる。

　第1条で子どもが権利の主体であることを明記し、子どもの最善の利益の優先原則、第2条で家庭養育優先の理念の規定、第3条の2で国及び地方公共団体の支援のあり方の規定を定めた平成28年改正児童福祉法の成立・施行やたび重なる改定があっても、悲惨な事件は後をたたない。地域で暮らす子どもたちの安心・安全の保障と助けを必要としている養育者のために、「やると決まれば、一生懸命やる」という公務員魂を、是非ここで見せて欲しいものである。

市区町村における児童虐待予防システムの関係部署と問題点

　市区町村の子ども家庭支援における主な管轄課は、保健部局（母子保健主管課）、児童福祉部局（子ども・子育て主管課、児童虐待防止主管課、障害福祉主管課）、ならびに教育委員会部局（学校教育主管課）の三つの部局が中心となる。

　子どもが就学前までは母子保健主管課が、就学後は学校教育課が市区町村の全ての子どもを対象に支援を行う。子育ての不安や養育の問題、経済的な支援の必要性等がある場合は子ども・子育て主管課が、発達障碍が疑われる時は障害福祉主管課が支援を行う。このような支援を行う中で、子ども虐待を疑うサインがある場合は児童虐待防止主管課が関わるようになる。

　平成28年改正児童福祉法の下、子どもとその養育者が生活している地域の市区町村は、今後は子どもとその養育者の困りごとを支援の対象とし、まず、子どもの安心・安全の確保を確認した上で子どもが生活する家族や環境のニーズを把握し、必要な支援を提供しなければならない。子どもと養育者にとって支援を受ける自治体は基本的に一つであるので、各部署や担当者の都合で支援の必要性の解釈や支援のあり方が大きく異なることは、今後は自治体側が不適切な関わりをしていると判断される[1]。

地域全体のシステム作りに関する基本的な確認事項は、「抜本改革となった平成28年改正児童福祉法を踏まえ、子どもとその養育者のニーズを先に考え、市区町村として現時点でできることと、今後しなければならないことを明確にし、業務のあり方を再検討すべき時が来た」ということである。

自治体現場に足りなかったもの

(1)　チャイルドファースト；Child Firstの視点

　チャイルドファースト；Child Firstについてはすでに語りつくされた感がある。それでも、死亡事例の報告が出るたびに、つきつめれば、まずこれだという思いがよぎる。死亡事例検証などで話を聞けば、関係した支援者でこの視点について知らない人はいないし、皆、重要だということはよく認識している。では、何故、いつまで経っても同じ間違いを繰り返すのだろうか？　ケースが重篤になればなるほど、ケース会議において議論されるのは養育者への対応であり、どの部署が主担当になるかなどが多くなる。ケース会議で忌憚なくそれぞれの立場から話しあい、最後に当該児童の気持ちになって、「この最終結論を当該児童が聞き、意見表明ができるとしたら何と言うだろう」ということを考えた、子どものアドボケイトとしての議論を、最後に必ず5分前後で良いので時間を取って行い、関係者で共有し最終判断とすることが重要である。

(2)　市区町村の児童虐待予防のための顔の見える連携構築のポイント

　子どもや養育者への支援活動は同じ自治体内での活動であるので、重要な業務内容については、たとえ部署が異なったとしてもお互い双方向で熟知する必要がある。そのためには部署相互の尊重（リスペクト）を基盤に、部署別の違いの認識と部署を越えた共通視点を自治体として明確にしなければならない。さらに、県自治体代表の児童相談所や保健所と、市区町村の考え方の違いでも同様である。これらを具体的に実現するには次のようなことが重要である。

・現在、市区町村には子どもに関する委員会や協議会が各主管課に多く存在する。子ども虐待予防を考えると、その中でも要保護児童対策地域協議会（以下、要対協）実務者会議のメンバーを重視し、児童虐待予防のための顔の見える連携の基盤を構築する必要がある。大分県中津市[2]の場合、参加メンバーは、

第 1 章

スーパーバイザー（以下、SV）2名（幼児教育専門、小児科医）、児童相談所2名（SV：1名）、県警生活安全部少年課1名、学校教育課2名、スクールカウンセラー2名、児童家庭支援センター（以下、児家セン）1名、児童発達支援センター1名、基幹病院小児科付け保健師1名、保健所保健師2名、母子保健主管課1名、社会福祉課長1名、子育て支援課10名である。このメンバーが各主管課の開催する要対協以外の会合において各々中心となり、今度はそこに他のメンバーが必要に応じて参加する。

・行政主催の母子保健研究会、医療機関主催の小児発達研究会、学校教育主催の事例検討会、児家セン主催の中津スペシャルケア研究会、児相主催の家族支援に関する合同研修会等にも、上記メンバーが参加し、事例検討（1～2例を2～3時間かけて）を行う。その中で子どもや養育者に対する支援指針の基本的なあり方について、自治体や支援機関として、どの部署も共通した支援の方向性や考え方を持てるように努力している。

・このような顔の見える連携が常時行われていると、例えば市区町村子ども家庭総合支援拠点（以下、支援拠点）[3]で気になる家族として支援していた家族が乳児医療や生活保護の申請等で自治体の他部署に訪問した時に、すぐ連絡が入り、より自然な形で支援が継続できるようになる。また、各主管課の紹介後の結果や継続支援状況の報告などの連携・協働も当たり前のようにできるようになり、子どもと養育者への支援を部署ごとでなく、その自治体全体で行っている雰囲気になるので、縦割りの弊害などがほとんどなくなってくる。

・中津市の場合、母子保健と児童福祉主管課は別部署であるが、保健師の人事交流（子育て世代包括支援センターの要対協担当と支援拠点の要対協担当等）が意識的に行われており、鈴木[3]が「支援センターとの連携」で触れた「子どもの年齢による切れ目」と「支援機関・組織としての切れ目」を生じさせない配慮ができている。自治体に在籍する子どもと家族の支援を部署別でなく自治体全体として行う視点の構築が重要である。

(1) 井上登生「児童福祉法改正と児童虐待発生予防」『教育と医学』65号、388-397頁、2017年

⑵　井上登生他「小規模市町村における子ども虐待予防活動：大分県中津市における取り組み．Ⅰ：母子保健・医療編、Ⅱ：児童福祉　子育て支援課・児童家庭支援センター編」『子ども虐待医学』1号、21-31頁、2017年（注：⑶-①に参考資料として掲載あり。）

⑶　「厚生労働省平成30年度子ども・子育て支援推進調査研究事業」（鈴木秀洋研究代表、平成31年3月）①「市区町村子ども家庭総合支援拠点の設置促進に向けた支援手法に関する調査研究報告書」、②「市区町村子ども家庭総合支援拠点設置に向けて　スタートアップマニュアル」http://suzukihidehiro.com/data/activity/246/article.pdf?20190425135700

第1章

目黒事件・野田事件・札幌事件から基礎自治体が学ぶべきこと

山田不二子
医療法人社団三彦会山田内科胃腸科クリニック副院長
認定NPO法人チャイルドファーストジャパン理事長

目黒事件から学ぶべきこと：外傷が軽症だからと言って、虐待も軽症とは限らない。

　平成30年（2018年）3月2日に5歳、女児が死亡した目黒事件では、香川県善通寺市から東京都目黒区への転居が、この家庭への支援が途絶える転機となったことは、すでに厚生労働省・香川県・東京都の死亡事例検証報告書にも記載されているので、各自治体も周知を徹底していることと思う。

　この事件については、一般社団法人日本子ども虐待医学会（JaMSCAN）が学会として死亡事例検証を実施しており、令和元年中には公表される予定なので、活用してほしい。

　詳細は、各死亡事例検証報告書に譲ることとして、ここでは、一点のみ強調しておきたい。

　それは、身体的虐待の場合、外傷が重症であれば、通常、虐待も重症と判断できるが、外傷が軽症だからと言って、虐待も軽症とは言えないという事実である。

　2度にわたる一時保護の際に確認された外傷は、一つひとつは軽症だったかもしれないが、2度とも体表外傷が多発していた。そのうえ、加害者が本児に対して『食の葛藤』を有していたことを強く指し示す口唇・口腔の外傷や、虐待以外では受傷することがまずない耳介の外傷などもあった。さらに、2度目の一時保護の際には、口唇外傷のほか、腹部鈍的外傷による皮下出血が腹部に多発していた。この腹部鈍的外傷は、内臓損傷を引き起こす危険性があり、命に関わる虐待である。たまたま、そのときは内臓損傷を来さなかったとしても、繰り返されれば、命の危険を伴う。

また、2度目の一時保護を解除された後、平成29年8月と9月にも本児には体表外傷が認められた。10月には、本児自ら一時保護を求めた。

いかに多発していようが、いかに頻回に受傷しようが、「本児が受傷した外傷は治療を要さない皮下出血で、軽症だから虐待も軽症」と判断されて、被害児本人から発せられたSOSはかき消された。

身体的虐待の重症度のアセスメントで重要なことは、外傷の重症度だけではない。どのような受傷機序で起こったのかという外傷のメカニズムや頻度、加害者の精神病理、および、加害者から子どもを守れない家族病理など、なぜ、その家庭で虐待が発生したのかという虐待の力動も併せて、重症度をアセスメントしなければならない。

野田事件から学ぶべきこと：子どもは性虐待にどのように反応するかを知る。

平成31年（2019年）1月24日に10歳、女児が死亡した野田事件では、千葉県の死亡事例検証が進むにつれて、以下のような事実が発覚してきた。

【令和元年5月14日：朝日新聞】

（被害児は）2017年11～12月の保護期間中、医師や柏児相職員らに対し「（父親から）夜中に起こされ、窓の外に誰かいるから見てこいと言われた」場面について話した。「パパが急にズボンを下ろしてきた。パンツも脱げて『やめてよ』と言ってすぐに上げたら、パパから『そんなこと言うとバレるだろ』と言われた」と打ち明けたという。

上記の記事で明かされた被害児の発言を4つに分けて考えてみる。

① 「（父親から）夜中に起こされ、窓の外に誰かいるから見てこいと言われた」
② 「パパが急にズボンを下ろしてきた。パンツも脱げた」
③ 「『やめてよ』と言ってすぐに上げた」
④ 「パパから『そんなこと言うとバレるだろ』と言われた」

開示されたこれらの情報がすべて事実だったとしても、「1回だけだったから」「性的接触は未遂に終わったから」大丈夫ということにはならない。なぜ

ならば、性虐待は手なずけ行為（グルーミング）を伴いながら、エスカレートするからである。

さらに、考えなければならないのは、性虐待に対する子どもの反応である。上記の開示をしたとき、被害児の開示のプロセスがまだ『ためらいがち』の段階にあった場合、『矮小化』や『エンパワーメント（実際には行動できなかったことを「できた」と言うことを指す性虐待特有の用語）』であった可能性があり、「やめてよ」とは言えなかったかもしれないし、自分でパンツを上げて、性的接触を避けることはできなかったのかもしれない。

子どもが性虐待にどのように反応し、それをどのようなプロセスで開示するのかといった基本的知識があれば、上記のような情報が得られていたのに一時保護を解除する、という判断にはならなかったはずである。

なお、「そんなこと言うとバレるだろ」という発想は加害者のものであり、被害児の発想ではない。従って、子どもがこの言葉を聞いたことがないのに、自分でねつ造して発言することはできない。よって、本児は、必ずや、どこかの場面でこの言葉を加害者から聞いている。子どもが語る言葉のどれが、経験がなければ語れない事実で、どれが、矮小化やエンパワーメントなどによって信用度の劣るものなのかを見極めるスキルも子ども虐待対応には求められる。

札幌事件から学ぶべきこと：非器質性発育障害（NOFTT）を見逃さない。

令和元年（2019年）6月6日に2歳6か月、女児が死亡した札幌事件では、1歳6か月児健診が最大の介入ポイントであった。本児は、4か月児健診で身長58.4cm（－1.9SD）、体重5,500g（－1.3SD）と正常範囲だったのに、1歳6か月児健診では身長68cm（－4.2SD）、体重6,750g（－4.1SD）となっていた。

身長や体重は正規分布を示す。正規分布では、＋1SDから－1SDの間に68％が入り、＋2SDから－2SDの間に95.4％、＋3SDから－3SDの間に99.73％、＋4SDから－4SDの間に99.994％が入る。すなわち、＋4SD以上が0.003％、－4SD以下が0.003％（合わせて0.006％）となる。

ここで、低身長に関する鑑別診断を頻度順に挙げると、通常であれば、両親

からの遺伝による体質性の低身長、基礎疾患に基づく低身長、非器質性発育障害（Non-Organic Failure to Thrive: NOFTT）が長期化したことによるStunting（成長阻害）の順になる。

　しかしながら、本児が呈したこの低身長は、10万人に3人の水準であったので、両親からの遺伝による体質性の低身長では説明できない。よって、基礎疾患に基づく低身長か、NOFTTが長期化したことによるStuntingということになる。ということは、この時点で、精査が絶対的に必要だったことを意味する。

　本児に関する最初の虐待通告は、1歳9か月時であった。1歳6か月児健診からの3か月の間に精査を受けた事実が確認できなかったのであれば、その必要性を保護者にていねいに説明して、何としても精査を受けてもらうべきであった。

　その際、本児に入院してもらって基礎疾患を精査しつつ、適切な栄養を与えることによって、身長・体重がキャッチアップすることを確認できれば、本児がStuntingに陥っていたことは明らかになったであろう。

　通常、NOFTTはやせ（るいそう）で見つかることが多いが、低栄養状態が長期化すると、身長の伸びが低減して、やせが正常化し、身長と体重のプロポーション（バランス）がよくなるため、「単に小柄な子ども」とみなされて、重篤なStuntingが見逃されてしまう。

　二度と同じ過ちを繰り返さないために、NOFTTに関する知識も十分に習得しておかなくてはならない。

第1章

死亡事例からの学び

中板育美
武蔵野大学看護学部看護学科教授

「理不尽な死」の前の無力感

　ある日の夜、筆者の保健所管内での子ども虐待による事件をニュースで知った。関係機関からという間接的ではあるが相談を受け対応を考えていた矢先であった。翌朝、関係職員が招集され、管理者の開口一番が「うち（の保健師）は関わっていないだろうな」…筆者の思い描いた緊急会議とは正反対の論理がそこにあった。20年以上前の話である。

　小さな体に無数の傷やあざ、新旧の骨折ややけどの跡、解剖所見や事件に臨場された時の様子をきくたびに、そして経過を知るたびに、短かな生涯のなかで、何度、この子は大声で笑っただろう、何度すやすやと眠りにつき、楽しい夢をみただろうと思わずにいられない。

　そして今、「子ども虐待による死亡事例」は、誰もが正面切って反論の仕様のない"あってはならない「死」"として、その再発防止策の検討が自治体に要請されるようになった。

　2007年以降、地方公共団体における死亡事例の検証も義務化されている（児童虐待の防止等に関する法律4条5項）。開かなければならない事態になれば、価値あるものにする責務が自治体にはある。検証の手続きについては手引きを参照されたい[1]。

検証を行う意義（メリット）と困難性

　検証の目的は、再発防止策を導くことではあるが、一歩間違えれば個人追及になってしまうことが指摘される。しかしきちんと死亡に至る経緯を振り返れば、何層にもわたる不具合の結果生じるという組織的問題である。「完全な安全はない」、「完全なサポート体制はない」、「完全な人間もいない（人はかなら

ずミスをする）」、「だから、皆で協力して、エラーを回避する」という基本的な考え方に基づき、組織として引き受ける風土醸成の機会につながる点でも意義はある。

子ども虐待検証の限界と課題

いくつかの都道府県、ならびに基礎自治体での検証に参加した経験から課題について私見を述べる。

(1) 検証事例の限界

検証事例の対象は、虐待死（ちなみに虐待死の定義はない）と認められた事例であり、隠れ虐待死などは対象外である。

(2) 検証委員の選定

常設の委員会をもつ自治体が多いが、検証事例の特性に応じ、必要な分野の専門家を臨時投入するなど適切な検証委員会を構成する柔軟さが必要である。

(3) 検証報告書の記載内容と評価の視点

検証報告書の内容のばらつきが大きい。理不尽な死からの学びを共有するための報告書であり、一般化しすぎると学びにつながらない。また、提言は、モニタリングや評価につなげるために行政としての実行可能性や達成年度、目標値などを記載することが望ましい。

(4) 検証報告書を活用した研修

当該自治体での研修は、読み合わせに終わらせず、自組織の課題を分析し合うなどのシミュレーションも含めた創意工夫が必要である。

(5) 社会への発信・地方自治の醸成

報告書も含め、社会への啓発活動に生かす必要もある。市民の虐待問題への理解を深め、偏見をなくし、子育てにやさしいまちづくりに取り組む自治力のボトムアップに生かしたい。

(6) マスコミ対応

マスコミに対する基本的な対応は早々に議論したい。犯人探しや対応のまずさを糾弾する対応からは誰も得をしない。謝罪や経過説明に追われるより、事実認定のための情報収集、適切な検証委員の選定、今後の的確な変革に向けた

覚悟、該当職員のケアに尽力したい。

検証からの学び〜あたりまえの大事さ〜

(1) 適切な判断が阻害される仕組みでは、個人の権利利益を守れない

　市の各部署が、各々に関わっていても（関わっているつもりでも）共有・統合（包括）、ができていないと適切な判断にはいきつかない。また、問題が、「点」での表現、つまり事実の羅列でしか浮上しない（ことになりがち）と、適切な判断にはいきつきにくい。

　そして、重症度（軽度、中等度、重症）の判断に齟齬が生じているにもかかわらず、児童相談所と市児童福祉やその他の関係機関という力関係の構図となり、児童相談所に異見を述べることが躊躇われる雰囲気ができ上がっていると適切な判断にいきつかないことが多い。関係機関のパートナーシップの意識が重要である。

(2) 援助職の姿勢や態度

　「人々の幸せ」を願い、正しい育児を行う親を支えたいという援助職の正義感のある熱意が仇となることがある。関係機関につながっていても本音を吐かない妊婦・家族もいるし、虐待家族の家族構成の変化や居住地の変更は、よくある話であり、そのような家族は、相談関係にあっても、内心や本音を明かさず事件に至る事例がある。

　こうした親たちに、援助職は、「幸せや健康」を要求し、良き養育を強いるような社会的圧力をかけていないだろうか。在宅で頑張って子育てしてほしいと願う支援者の想いが裏目に出ることがあるのではないかと自問する機会もあえて必要なのではないだろうか。

ひとりでは救えないいのちのために

　成育基本法（2018年）の制定により、すべての子の死を明らかにするCDR（＝Child Death Review）の法的根拠が整備されたことになる（15条）。前述したように、虐待死のすべてが「虐待死」として報告されているわけでもなく、虐待死のすべてが検証されているわけでもない。事故死の中にも虐待が潜んでいる可能性もある。そもそも事故死も防げるものは防ぎたい。防げる死は防ぎ

たい。子ども虐待死亡事例の検証もその一翼なのである。

　検証にせよ、CDRにせよ、声にならなかった声を拾い上げ、その声の力を借りて、人として守り行うべき道を惹起させ、善悪・正邪の判断において普遍的な規準となるものを導かねばならない。組織のチェック機能、組織のマンネリ化した手続き論、組織が築き上げてきてしまった独自の文化をなぞるだけでは何も変わらない。失敗からの学びを生かす個人の倫理観、組織の倫理観に裏打ちされた行動が求められている。

⑴　「都道府県・指定都市・特別区・児童相談所設置自治体　子ども虐待重大事例検証の手引き」研究班代表：奥山眞紀子、平成29年

【参考文献】
中板育美「地方公共団体の子ども虐待事例の効果的検証の保健的側面に関する研究（分担研究）」「地方公共団体が行う子ども虐待事例の効果的な検証に関する研究」（奥山眞紀子）、平成29年

第1章

「誰か助けて」というSOSを受信するということ

山川玲子
カウンセリングルーム「家族育ちあい応援室」
社会福祉法人子どもの虐待防止センター相談員

　虐待防止法が成立する遥か昔、私は福祉事務所に非常勤の相談員として勤務していた。
　1歳6か月児健診、3歳児健診で、母親が口にする「子どもがかわいいと思えない」「この子さえいなかったら…」「この子が消えてくれたら…」という言葉を何度となく耳にした。内心ギョッとしながら、私は寄り添う肯定的な言葉をさがす。〈思うようにならないことばかりでそう思う瞬間はありますよね〉と返すが、母親の表情は変わらない。そうした母親たちの言葉に嫌悪感を覚える瞬間を感じて、この仕事は私には向いていないと思うようになっていた。その頃、児童相談所の職員から勧められ、西澤哲先生の「子どもの虐待」の連続講座を受ける機会を得ることができ、通い続けた。

「私と子どもを助けて」

　講座が終わりに近づいた頃、健診での母親たちの言葉は「私と子どもを助けてください」というSOSの発信なのだと知ることになった。私は愕然とした。健診の場に来ないことも、あるいは黙っていることも選択できるのに、自ら健診の場にやってきて、「私は母親なのに自分が産んだ子どもに対して『かわいいと思えない』『この子さえいなかったら』『消えてくれたら』とさえ思うのですよ、どうかそう思う私と子どもを助けてください」という訴えだったのだと。
　健診には医師や保健師や心理士がいる。今日こそはこの気持ちを口にしてみようと勇気を振り絞って来てくれた母親たちに、私はちゃんと向き合うことができなかったのだ。それからは〈そう思う時って？〉〈その時の気持ちって言葉にすると？〉と尋ねることができた。母親は子どもとの今の関係を変えたいと思って、この場所に来てくれたのだと信じることができた。気持ちを尋ね話

していただくことにより、相談者と関係ができるようになるのだと感じていった。ここから相談関係がスタートするということも、学ぶことができた。そして、相談者の「私と子どもを助けて」というSOSの発信の仕方は、実に様々であることを知ることになるのである。

その後、私は西澤先生を通じて社会福祉法人子どもの虐待防止センター（1991年、虐待の早期発見や虐待防止を援助するため設立）を知り、相談員となった。当時の防止センターの理事長であった小児科医坂井聖二先生との出会いは、子どもを守るために親支援を仕事にする私の大きな心の支えとなった。故人となられたが、今も教え導かれていると日々感じている。

あるSOS

ひとつ事例を振り返りたいと思う。その日も私はいつものように3歳児健診の会場に居た。私の前に、園服を着た子ども（第1子）を膝の上に抱いた母親が座った。対象児である3歳児（第2子）は母親の横に立っていた（この3歳児をAさんと呼ぶことにする）。母親は、第1子の時にもここで相談したので今回も来たと言った。Aさんについての心配は特にないと言いながら、なかなか立ち上がることをしなかった。Aさんに〈おなまえおしえてください〉と声かけしたが発声発語の確認ができなかった。こちらを見てニコニコと笑っているAさんの表情が気になり、〈日を改めてご相談の予約をされますか？〉と尋ねると、母親はそうしたいと言い別日に予約を入れて帰った。

後日、保健センターにAさんをつれて母親が定刻前にやってきたが、その日も特に相談らしい相談が切り出されることはなかった。Aさんに話しかけるとニコニコとするだけで何も答えることがなかったので、〈いつもはおしゃべりするのかな？　はずかしいのかな？〉と声をかけたがニコニコ顔の表情は変わらなかった。母親は「心配していない」と言うだけであった。何か変な感覚だけが残るので〈お家での様子を見せてもらっても良いですか〉と尋ねると、母親はそれも二つ返事で了解された。

家庭訪問の日、リビングに通されてお茶を勧める母親に〈さっきからAさんにこっちにいらっしゃいと誘っているけれど、来てくれないの〉と伝えると、

第 1 章

「ここに入ってはいけないって言ってるから！」とこれまで見たことのない厳しい表情で言った。〈Aさんのお家なのに？　どうして？〉と尋ねると「欲しくなかった子どもだから」と語った。3歳児健診の時、身長体重を確認したことを思い出し（細身だが身長も体重も下限を切って落ちてはいなかった）〈欲しくなかったと思うのに成長をしっかり支えてきたのですね〉と声をかけると母親の目から涙が流れた。仕事がしたいから子どもは作らないと言う母親を、Aさんの父親が無視して強引な交渉でAさんを妊娠したと語られた。したいと思っている仕事や原家族について語られたことを記憶している。

　Aさんはまだ集団に入っておらず、自宅でも入ってはいけない部屋があるなどの制約があることから、生活実態の事実確認が必要だと感じた。母親のこれまでの頑張りをねぎらい、今の気持ちを伺いながら、児童相談所がAさんのことについて一緒に考えることのできる機関であることを慎重に伝え、児童相談所職員の訪問を提案するとそれにも了解をされた。

　翌日、児童相談所が家庭訪問しAさんは即日保護となった。児童相談所からの電話で、Aさんは押入れの下段が居場所とされ、頭と足元に排泄用と食事用の洗面器が1つずつ置いてあったと聞いた時の驚きを今も忘れることができない。

あってはならぬ二重の虐待

　Aさんの母親もまた「助けて」とSOSを発信しに、3歳児健診の場に覚悟を持って勇気を振り絞って来たのである。開口一番に第1子の時も来たと言ったことを思い出し、既にその時にSOSが発信されていたのかもしれない。その時に気づくことができなかったのだろうか、という思いが暫く頭の中を駆け巡った。健診や面接場面でも主訴が語られることはなかった。私が感じたのは、「えっ？　あれっ？　なんか変」という違和感であった。

　保健センターに面接に来た際の母子の様子はどうであったか、手をつなぐなどの身体接触はどのようであったか、アイコンタクトはどうであったかなど、今なら目に映る全てを情報と捉えて当たり前に確認するはずのポイントなのに、当時の私の記憶が明確でない。何故だろうか…。当時の私の中に、Aさんのよ

うな虐待の想定がなかったからではないか。もっと早く気づくことができたらAさんも母親も、そしてAさんの家族（第1子や夫）も、いち早く支援の土俵に上げることができたのではないかと悔まれてならないのである。

　坂井聖二先生は、子どもの虐待は加害者だけが問題とされるのではなく、家族からのSOSだと捉えることが重要だと言っている。まさに夫婦、親子に関係性の病理が生じている。この家族に機能不全が起きているから子どもが虐待されているのである。家族を援助するためのキーワードとしての「虐待」と捉え家族を土俵の上にあげて支援することが重要なのだ。

　そして更に、「私たち支援者が家族のSOSを受信できないと子どもたちは親から虐待されるだけでなく、自分たちを救いだす大人、専門家からネグレクトされることになる。子どもたちは二重に虐待されることになる。私たちは子どもたちにとっていつでも加害者になる可能性があることを忘れてはならない」（坂井、2006）のである。

　今まさに様々な事件に通じる警鐘であり、このことを肝に銘じなくてはならない。

子どもを守るために親を支える

　さて、冒頭で述べた「子どもがかわいいと思えない」「この子さえいなかったら…」「この子が消えてくれたら…」の言葉に私がなぜ「内心ギョッとした」のかという点について支援者として振り返る必要がある。私の中に母性神話の刷り込みがあり、母は子に対してこうあるべきものという思い込みの中で聞いた言葉であったからではなかったか。更に、見たくないものは見えないという自己防衛の心理規制も働くのでそこを扱うことができないでいたのではないかと気づくのである。「支援者自身が母性神話に汚染されていないか検証することが重要」（鷲山、2004）であることを支援者自身が知らなければならない。

　子どもとの関係を変えたいと思って勇気を振り絞って「私と子どもを助けて」と支援者の前に登場した親御さんに対して私たちはどのような居方でやりとりし、支援を可能にすることができるのだろうか。

　小児科医である坂井聖二先生は著書の中で、「米国で発行されていた、虐待

についての小児科マニュアルに〈救急外来にいかにも虐待によるものと思われるケガややけどを負った子どもを連れて親がやってきたら、医師は決して親を責めてはならず、まず親をねぎらいなさい〉と書いてありハッとした。虐待をしている親は、地域からも親族からも孤立した育児をしている。たとえ親は虐待を認めなくても、心の中では〈もう止めさせてほしい〉と叫んでいる。〈よく来ましたね〉〈お母さん育児は大変でしょう〉とまずねぎらい、〈子どもさんを入院させたいのですが、それはあなた自身がゆっくり休めるためにすることなのですよ〉とおだやかに親に説明する（要約)」と述べている。

　西澤先生の連続講座から数十年が経過し、連続講座は研究会に形を変えて今なおケースの理解や支援を具体的に学ぶ大変貴重な場となっている。子どものトラウマがご専門の西澤先生から、被虐待児が虐待者から心身に受ける傷は支援者ができうる想像を遥かに超えていることが多いときく。その被虐待児が成長し親となって発信するSOSはどのようなものであろうか。「ん？」「えっ？」「あれ？」という発信であるかもしれない。想像もできない発信であるかもしれない。たとえ激しい攻撃性を支援者に向けるような発信であっても「誰か助けて」のSOSだと理解したら、ねぎらいの声かけで迎える支援者で居たい。

【参考文献】
西澤哲『子どもの虐待：子どもと家族への治療的アプローチ』誠信書房、1994年
坂井聖二・西澤哲編著、（福）子どもの虐待防止センター監修『子ども虐待への挑戦:医療、福祉、心理、司法の連携を目指して』誠信書房、2013年
坂井聖二『私の出会った子どもたち：小さな星たちの記録』子どもの虐待防止センター、2006年
鷲山拓男『子どもの虐待と母子・精神保健－虐待問題にとりくむ人のための「覚え書き」』萌文社、2006年

第 2 章

実務者
の視点から

第2章

セクショナリズムと前例主義からの脱却

白田有香里
東京都江東児童相談所・児童福祉司

　虐待死事件が起こるたびに死亡事例検証がされ、再発防止に向けて新たなルールが作られる。微に入り細に入り、隙間に落ちることのないようにと作られたルールは、なるほど上手くできている。であるならば、このルールによって機関同士が同じ言語で会話し、リスク評価を同じくできるようになり、スムーズな連携ができるようになるはずなのだが、現場にいるとそう実感できることは残念ながら少ない。虐待死も減っているとは言えないのが現状だ。
　一体、なぜなのだろうか。

セクショナリズムという壁

　私が考える一番の要因はセクショナリズムである。セクショナリズムとは自分の属する部局や党派の立場に固執し、他集団に対して無関心や非協力的、否定的、排他的な傾向や縄張り意識のことである。どんな組織でも起こり得る現象だが、こと社会的弱者の最たるものである子どもの命に関わる現場にいると、自らに課せられた責任の重さを痛感し、時に逃げ出したくなり、その傾向が強くなるのではないだろうか。
　児童相談所も含めて関係機関は、一時保護した子どもの保護者から数時間にわたって罵倒されたり、脅されたりすることも珍しくない。そんな経験をすると、「子どもは助けたい。でも、それは自分たちだけではなくて他の機関がやっても良いのではないか？　いや、むしろ他の機関がやるべきなのではないのか？」と思いたくなる。例えば、地域の機関は、児童相談所が子どもを一時保護するべきと思うが、児童相談所は地域でできることがまだあるはずだと思う。それぞれの機関が自分や自分の組織を守りたいと思う心理が無意識に働くのである。
　そこに前述の細かいルールがあると、「とにかく、一緒に動いてみよう！」

ということがしにくくなる。より一歩踏み込んで他の機関と一緒に動くときには、事前協議をした上、さらに文書が必要になるからだ。これまでの死亡事例の検証から、責任の所在をはっきりさせなくてはいけないことになったためである。確かに分からなくはない。しかし、これは手間もかかり、機動性に欠ける。更にはそのルールに当てはまらない場合、一緒に動くことを断ることすらできてしまう。お互いに縄張り意識にこだわり、排他的であれば、ルールの意図するものがいかに素晴らしくとも、真の連携は絵に描いた餅に終わる。

チャレンジを忌避する風土

もう一つの要因は前例主義である。公務員は営利を目的とせず公共のために仕事ができるという強みがある。しかし、この強みが児童福祉の現場では実は最大の弱みともなる。児童福祉の仕事は、成果が分かりにくく評価もされにくい。そのため「前例を元に仕事をする」ことが安全策という考えが根底にあり、例えば法的に瑕疵がなくとも、前例がないからという理由で、子どもにとって利益があると思われる提案を却下されることがあるのだ。改善や革新を掲げる民間企業であれば、前例に従ってずっと同じ仕事をしている社員はやる気がないとみなされるし、新たな利益は生まない。行政も同じではないか。新しいアイディアや新たな取り組みなくして、虐待死は減らないと私は思う。

意識改革は、小さな一歩から

では、これからの児童相談所と他機関の連携はどうなったら良いのか。実はそれほど難しいことではないと思っている。それぞれの機関で『できること』のアイディアを出し合うのだ。『できないこと』を言い合うのではなく、『できること』を言い合う。このちょっとした意識改革で、ケース会議等の方向性は全く変わる。

そして、事件が起こった時に責任を取らせるためにその所在をはっきりさせるのではなく、責任を分散する。責任の分散は無責任でない。一つのケース、一人の子どもの利益を他機関と信頼し合い手を取り合って追求していく。それが上手くいったと思える成功体験を積むことが、支援者にとっても必要だ。

セクショナリズムと前例主義から脱脚することにより、支援者もまた成長し、より良い支援に繋がるだろう。

第 2 章

くじけそうになるたびに…

鈴木　聡（あきら）
元三重県児童相談所

　「ここで頑張らないで、いつ児相は頑張るのですか」。これは私が虐待の仕事を本格的に担い始めて数年たったころ、当時法律相談をお願いしていた弁護士さんから投げかけられた言葉です。当時はまだまだ児童相談所自体にノウハウの蓄積があるわけでもなく、「子どもの命を守る」という理念も空回りしていたころでした。そんなある日、病院から医療ネグレクトの通告が入ったのです。

重篤事案の突発

　それによると、「緊急に手術をしなければ、数か月後には確実に亡くなる」「もし1週間以内に手術ができれば命は助かるが、最重度の障害児になる。そのため保護者の同意が得られない」とのことでした。その医師は、手術で助かるものなら何とか助けたい、と熱い気持ちをこめて保護者を説得しておられるご様子でした。

　今でこそ親権停止という制度や緊急の場合には児相長の同意でも手術は可能となっていますが、当時、そんな制度はありません。そもそも私自身が、親権喪失などそれまで申し立てたことはなく、手続きにどれほどの時間がかかるのか、全く予想もできませんでした。ただ、家庭裁判所とのやり取りからは、残された1週間では終わりそうにない、ということだけは予想としてあったのです。

　当時の所長も同様であり、弁護士の先生に先ずは相談したいという私の提案を、前向きには捉えてくれませんでした。今でこそ、そんな判断をする所長はいないと思いますが、当時は「たとえ命が助かっても重い障害が残るような手術を、保護者の同意なしにできるわけはない」との考えが、少なくとも世の中の一般的な考え方だったと思います。と、そんな状況の中で、私はどちらか

というと積極的ではない所長の意向も持って、弁護士の先生のところに行き、冒頭で紹介した言葉となったのでした。

気づかされた児相の使命

この弁護士の先生は、いつもはあまり多くを語らない方で、例えば、28条申し立ての相談に伺っても、「児相がそう判断されたのであれば、やられれば良いと思います」という程度のアドバイスでした。それに慣れていた私にとって、静かで落ち着いた話しぶりではあるものの、冒頭の言葉は強く心に残ったのです。

事務所に戻った私は、所長に弁護士さんのいつもとは異なる強い言葉を伝え、決断を迫りました。その一方で、課員を総動員して保護者の説得に当たるとともに、家庭裁判所への申し立て準備を始めたのです。

初めての方が聞くと、保護者の説得も終わらないうちに裁判所への申し立てをするとは何事か、と思われるかもしれませんが、私の中ではたとえ裁判所に申し立ててからでも説得に当たり、何とか納得してほしいという気持ちがありました。

多忙な中でも嫌な顔一つせず、たくさんの書類を作っていただいた主治医の先生、冒頭の弁護士さんの助けもあって、家庭裁判所の迅速な決定により手術を実施することになりました。当初「手術となれば今後一切世話はしない」と話されていた保護者の方も考えを変えられ、手術後の子どもさんとの関係は良好との話が聞こえてきます。そして何より驚いたのは、保護者の方が「児相や関係者にお世話になって良かった」との気持ちを周囲に伝えていると聞いた時でした。

忘れ得ぬ言葉とともに

親権喪失にまで至ってもこちらと関係ができることがある、まさにこれは児相の仕事の醍醐味です。周囲の熱意からやっと「命があるのは最善の利益そのもの」と気づかされた私、この経験は忘れたくても忘れられないものとなりました。以来、この時の弁護士さんの言葉「ここで頑張らないで、いつ頑張るのですか」は私の心の中で再三繰り返されることになり、現在に至っています。

第2章

ひるまず、忍耐強く、一人ひとりを支援していく

木村　朱
涌谷町福祉課子育て支援室

平成29年4月、宮城県涌谷町福祉課に子育て支援室が新設され、児童虐待相談対応専門職員として保健師が配置された。同年同月「涌谷町子ども家庭総合支援拠点」（以後、「支援拠点」）を設置し、専門的な児童虐待対応に着手した。

それまで本町では、主に健康課の保健師が子育て相談や養育支援訪問を担い、緊急対応は、福祉課の事務職員と同行訪問することで実施してきた。

支援拠点を立ち上げ、要保護児童対策地域協議会（以後、「要対協」）の調整担当機関を担い、児童福祉部門から「すべての子どもとその家庭の支援」へ必死に取り組んでいるが、母子保健や教育部門との連携、役割分担等については、現在も試行錯誤しながら業務にあたっている。

地域における問題の把握と、必要な対応の検討

その取組の一つに「子育て世代包括支援センター」の開設検討がある。全国的に問題が多発すると、その対応として法改正や新制度の制定がなされるが、「自分たちの町でその問題はどのようになっており、ニーズは何かを把握することが必要ではないか」との考えに基づき、担当の専門職で検討会を立ち上げ、議論を重ねた。

ニーズに対して効果的な施策の実施と展開を図るため、事業を各所掌に落とし込み、行政組織の中でぶれないような位置づけを行い、開設の準備を進めている。

その話合いでは、支援拠点との関係性についても議論し、これら児童虐待予防を狙った取組は、「子育てしやすい町づくり」に繋がると結論付けられた。この検討会は、児童虐待問題に対し、町の専門職員として、各々の立場や分野で何をすることが必要で、どのような連携が効果的かを具体的に考え、共有す

るための重要な場となった。

市町にこそ必要な主体的な働き

　児童虐待対応は、児童相談所中心の点支援から、市町中心の、各関係機関が連携して繋ぐ面支援へ、と言われている。これまで「児童虐待対応は児童相談所」という認識が定着しており、市町は主体的な対応を意識していなかったと思われる。しかし、相談や支援を要する住民が生活しているのは市町であり、その住民の近くで日常的に寄り添い、継続的に支援できるのは、主に市町であろう。

　市町は、母子健康手帳交付や新生児訪問、乳幼児健診及び普段の関わりの中から、「SOS」を出すことができない妊婦や子ども、養育者に気付くことができ、支援に繋げることが可能となる。さらに、その支援を地域に広げることで、社会全体で見守る環境づくりを推進することに繋がる。

　そうであるならば、この市町をベースにした、地域や関係機関との連携による面支援を積み重ねた、継続的かつ重層的な「立体支援」が必要で、その支援こそが虐待の連鎖を止める鍵になるのではないだろうか。社会の中で一人ひとりを孤立させない仕組みづくりとして。

姿勢を貫くために、大切にしている言葉

　マザー・テレサの言葉に「この世で一番大きな苦しみは、一人ぼっちで、誰からも必要とされず、愛されていない人々の苦しみです」とある。支援者である保健師の役割としては、苦しみを抱えた住民一人ひとりに寄り添い、その苦しみを一緒に見て、聴いて、感じることが重要と考える。

　そして、「あなたは一人ではない、こうして一緒にその苦しみを受け止めようとする保健師が身近にいる」ということを、心と姿勢で伝えることが必要ではないだろうか。

　巻き込まれ、振り回され、依存させることは、支援者として未熟であるとの見解もあるが、見捨てたり、突き放すのではなく、住民に身近な町の保健師として、ひるまず、忍耐強く、一人ひとりを支援していく覚悟が大切であると考える。

　私は、相談者に必ず伝える言葉がある。「私の頭の中にはあなたがいます。あなたのことを思っています。悩んだときは電話をください。待っています」と。

第 2 章

さらなる子ども家庭支援の改革・改善へ
当市の子ども家庭総合支援拠点の現状と課題

吉本和彦

岩国市健康福祉部地域医療課美和病院事務長

支援拠点整備までの経緯

　私は、平成24年4月から平成31年3月まで、こども支援課こども相談室（家庭児童相談室）に勤務していました。

　7年前の当市、山口県岩国市には児童養護施設や児童家庭支援センターなどの児童や家庭を支援する機関はなく、児童相談所と連携し、限られた社会資源の中で相談・支援を行っていました。子どもに関する相談窓口は、家庭児童相談室、保健センターの母子保健担当、教育委員会など複数の部署でそれぞれ対応しており、他の機関と連携した対応になっておらず、断片的な関わりになっていたように思います。結果として、進学や就労にいたらず、若者の貧困につながり、それが次世代へ連鎖しているケースにぶつかる中で、支援体制の見直しの必要性を感じていました。

　平成27年10月、「岩国市子育て世代包括支援センター」が保健センター内に開設されました。妊娠期から子育て期までの相談・支援を行う機関として、相互に連携を持つようになり、支援体制が充実してきました。

　その後、NPO法人による児童自立援助ホームの設置や、社会福祉法人の市内移転により児童養護施設や児童家庭支援センターが設置されるなど、子どもを支援する施設の充実が図られました。

　これら子どもを支援する関係機関との連携を図り、児童虐待の予防や、子どもや家庭を支援する体制の強化を目指して、平成29年4月に「子ども家庭総合支援拠点」を設置しました。

　設置場所に関しては、議論を重ねましたが、福祉（支援拠点）と保健（子育て世代包括支援センター）の連携のために同一フロアで業務することを最優先

し、市役所内にあった家庭児童相談室を保健センター内に移転しました。

支援拠点の現状

　支援拠点と子育て世代包括支援センターが同一フロアで業務することで、以下のような変化が生まれました。

　すなわち、①妊娠期から学童期までの切れ目のない支援を行えるようになったこと、②保健師・助産師・保育士・社会福祉士等の多職種の視点でアセスメントや支援が行える体制となったこと、③子どもや家庭の相談窓口が集約され、教育委員会や児童相談所、児童家庭支援センター等の関係機関との連携もスムーズになったことで、子育て相談や児童虐待などにも迅速に対応できるようになりました。

課題とこれからの相談支援

　子ども家庭総合支援拠点の設置と子育て世代包括支援センターとの連携により、所内の相談・支援体制は整備されました。今後は、要保護児童等に対してより良い支援を行うために、個別ケース検討会議等において関係機関の役割を明確にするなど支援の質を高めることや、職員自身の支援力向上を図る必要があります。

　一方、地域の子育て支援の拠点となっている児童家庭支援センターや、子ども食堂や学習支援を行っているNPO法人の活動など、子どもを支える支援体制は整いつつあります。これらの地域資源を活性化させるために人材の育成や確保に取り組むことや、公的な支援策が少なくなる18歳以降の支援をどのような体制で実施していくかが課題となっています。

さらなる改革・改善へ

　当市の相談・支援体制は、支援の結果や課題を振り返りながら、その解決に向けて作り上げてきたものです。これからも社会環境が変化する中で、子どもや家庭の抱える問題はより複雑・多様化していくことでしょう。私たちは、それに対応するためソーシャル・インクルージョンの視点から、全ての市民に寄り添い、それぞれの課題を解決していくことができる体制の構築を考えていく必要があるでしょう。

第2章

子どもの命を守るために

小島美樹
(おじま)
大田区こども家庭部子育て支援課

　法改正の頻度を見てもわかるように、最近の児童虐待対応の現場は目まぐるしく変貌している。その適応に疲労を感じながらも、慢性的な人材不足の中で職員が奮闘する姿にはいつも頭が下がる思いである。
　私は、子どもの命を守るために、日々現場で重責を担う職員と職場の在り方を、その育成の観点から記すことにする。

職員の基本技術習得をサポート

　行政において、職員が相談援助業務の現場に配属されることは、さほど珍しいことではない。時間の経過と共に順応することが通常だが、虐待を含む児童相談業務については例外で、その専門性と難易度の高さは、近年広く知られるようになってきた。
　行政職員であれば、座学による研修やOJTにより、ある程度の専門技術を習得することは可能である。半面、「豊かな想像」「正しい説明」「子ども中心」などの基礎的な視点を持ち、総合的に児童虐待の対応ができるようになるには、一定の経験を必要とし、その感覚は容易に身につくものではない。
　現在、それがなくても進むしかない現状はあるが、これを個人の責任とするにはあまりにも重すぎる。また、援助される側も、技術の未熟な職員には安心して相談関係を構築することができない。では、どうすれば職員に必要な技術が身につき、実践に生かされるのであろうか。
　例えば、泣き止まない子どもの対応を保護者に指導するためには、保育実習や両親学級で育児手技を学べばよい。不適切な行為に対する「正しい説明」には、ロールプレイや援助技術のスーパーバイザーのモデルを活用する。「子ども中心」を意識づけるためには、会議で援助方針を提案する際「子どもの最善

は」と声に出して説明すればよい。

　私は、このような日常技術の伝承や個人の生活体験による基本的な援助技術を、「知っていて当たり前」と捉えず、児童虐待における法的対応や厳しい介入術と同じボリュームで、職員に繰り返し意識的に提供する必要があると考えている。この基本技術だけでも、よい関係が生まれ、結果的に子どもと保護者の負担が軽減され、子どもの利益が守られたことは、多くの職員が経験しているはずである。

　それは、報道も評価もされることはないが、二つの技術をバランスよく活用し、子どもと保護者が最小の負担で過ごせるのであれば、一定の目標達成と言ってもよいのである。

児童福祉を実現する組織に必要なこと

　専門性の高い業務を担うためには、各種の指針を参考にキャリアラダーの作成をするなど、それぞれの力量に合った明確な目標設定をしてほしい。

　また、職員育成の機会は組織的に確保し、モニタリングと継続的な実施により定着させることも大切である。大きな視点では、異動年限の妥当性もあげられようが、援助の継続性や職員の精神衛生等、何を優先するか長期的な視点で捉え、決定するべきである。

　そして、人材育成は研修だけではない。生活保護、保健所等の現場経験者を集結し、組織の層を厚くする方法もある。さらに、組織内では当たり前のことでも、それが正しく機能しているかを俯瞰するため、他の現場を視察することも有効である。

　一方、職員も積極的に研修に参加し、自己覚知に努め、根気強く現場に向き合ってほしい。与えられるだけでなく、業務で活用した技術の効果や問題点、その価値を職場全体で確認する役割も自ら担うべきである。

　最後に、目標はいつも「子どもの最善の利益」であり、職員個人の力や善意に頼ることのない、成熟した職場として組織全体の機能向上をめざしてほしい。

第2章

切れ目のない顔のみえる連携へ

竹下将人
中津市福祉部子育て支援課

　大分県中津市は、中津市立中津市民病院を核とする4市3町（大分県側3市、福岡県側1市3町）の大分県北地域の2次医療圏の中心的な役割を果たしています。自動車関連企業の進出により、若者を雇用する企業も多く、平成29年の合計特殊出生率は1.95と高い水準にある、人口8万3000人、児童1万4000人の小規模都市です。
　その街で、私は平成25年より要保護児童対策地域協議会等を通して家庭支援を行っています。今般の児童虐待事件では、関係機関の情報共有について問われていますが、中津市では、要保護児童対策地域協議会を中心に関係機関の共通認識を持つよう心掛けています。

切れ目のない顔のみえる連携

　中津市では、児童福祉に携わる関係機関とケースを通じ、また、幾つかの勉強会を通して、児童相談所や保健所だけでなく、児童養護施設や障がい児へのサービス事業所等、児童福祉に関わる様々な機関とも「切れ目のない顔のみえる連携」を目指しています。
　ポイントは、支援機関同士の関係づくりを構築したうえで、詳細な家庭実情を共有し、相談内容により、単に施設等の支援機関を紹介するのではなく、具体的に「その施設の○○さんはここまで支援してもらえる」とイメージを持って保護者に紹介できることが強みと考えます。
　また、中津市では医療機関との潤滑な連携に保健師が大きな役割を果たしていると感じます。中津市では保健師を医療、福祉等に配置していますが、母子保健、児童福祉、市民病院小児科医局所属の保健師が協議し、医療機関と連携し保護者や児童へ支援を行っています。保健師は保護者や児童と真摯に向き合

い、場合によっては保護者と対立してでも児童を守る強い想いを持ち、家庭と接しています。

母子保健における役割

ここからは、母子保健・児童福祉に従事する保健師の想いを書かせていただきます。妊娠期からの子育て支援と産科や精神科との連携がいかに大切であるかです。特定妊婦の多くは、妊婦自身が複雑な生育歴を持っており、自ら支援を求める力が弱い方が多いです。そのような妊婦に対して、妊娠期より関係を築き、SOSを出してもらえるような関係をいかに築くか、産科や精神科との連携でいかに妊婦のハイリスクな状況をキャッチすることができるかが、その後の虐待リスクを左右するのではないかと思います。

複雑な生育歴を持つ母にとって、子育ては、自己肯定感を低くも高くもできるものです。保健師は、赤ちゃん訪問で母に会うことができます。子育てで孤立する母に寄り添い支援することで、母を母として認め、自己肯定感を高めるよう支援できる存在です。

例えば、被虐待歴のある母が赤ちゃん訪問の際に「ママってこの子から呼ばれるわけじゃないから母親の実感がない。母親なんかな」と呟きました。そのような想いを感じている母に、児の健やかな成長を伝えることで、母としての自信を持ってもらえるように関わりました。

児の表情が出てくると、母も児を愛しいと感じるまでに愛着が育ってきました。母が今のままの母で良いのだということを伝える人がいるだけでも支援になるのではないかと思います。小さなSOSをキャッチし一緒に解決していくことで、虐待のリスクを減らしていけるのではないでしょうか。

児童福祉における役割

しかし、児童福祉では、母子に寄り添う支援から、児の最善の利益を考えての支援に切り替えなくてはならず、児との分離で母の精神状態が悪化することがわかっていても、それを提案しなくてはなりません。様々な機関による、母への支援、児への支援、その役割分担と、顔の見える連携が大切であると考えます。

第 2 章

「心理」職としてチームに携わる

伊東沙季
静岡県健康福祉部こども未来局こども家庭課

　自治体職員の「心理」職として、これまで児童相談所、児童心理治療施設で勤務してきましたが、働き始めてすぐに、大学や大学院で学んだ「心理」と大きく異なる世界に驚きを感じました。「枠組み」「治療契約」「治療同盟」といったものはほとんどなく、出会う子どもや保護者は、相談意欲や困り感のない方ばかり。関わりを拒否される、時には攻撃されるといったこともありました。

　それでも不思議なことに、児童福祉の現場を「楽しい」と感じ、紆余曲折ありながらもこの仕事を続けてきています。

チームで支援する

　児童相談所に勤務していた際に関わっていた家族と、その後、児童心理治療施設で出会い、再び担当職員となるということがありました。「児童相談所の心理」としては、保護者、子どもへの動機付けをし、施設入所に結びつけたつもりでいましたが、施設で再会したときには、なぜ施設入所に至ったのか、それぞれの課題・目標は何だったのか、保護者、子ども共に共有できない状態でした。

　PTSDの影響から日々、行動化が激しい児童、暴力を伴うしつけに対しての考え方に変化のない保護者を目の当たりにして、相談意欲や困り感のない相談者に対して支援をしていく、福祉現場での仕事の難しさを改めて感じるとともに、自分の無力さに落ち込むこともありました。

　そんな時に助けとなったのは、同じ職場の職員の存在でした。「困ったね、どうしようかね」「困ったときはお互い様だよ」と声をかけてくれる職員、「こんな支援はどうかな」「Aちゃんの○○なところは強みだね」と私にはない新

たな視点を提供してくれる職員がいました。

　児童福祉の現場の醍醐味は、この「チームで支援する」ということにあると感じています。一人では思いつかないことも、複数人がいることで思いつくことがあります。一人では不安なことも、複数人がいることで安心して取り組めることもあります。

　個々の事情を理解し、個々のニーズに合わせながら、支援をしていくことが必要になってくる児童福祉の現場。感情を揺さぶられることも多い児童福祉の現場だからこそ、一人で抱えるのではなく、「チームで支援する」ということが大切だということを、これまでを振り返ってみて強く思います。そして、この仕事を「楽しい」と私が今思えているのは、そういった人に恵まれてきたことも一つの要因なのではないかと改めて感じています。

チームのなかでの自分

　チームで支援をするなかで、「心理」職として私が大切にしていることがあります。それは、「一歩引いて、冷静に全体を見て、状況を判断する」ということです。

　対人援助の現場では、感情が絡み合い、物事の本質は何かが見えづらくなることがあります。客観的に物事を見ることができる立ち位置にいる存在として、何が起こっているのかを分析し、今すべきことを考える。子どもや保護者のことを考える一つの視点を心理的知見を持って投げかける。そのようなことを意識して行い、チームのなかでメインディッシュではないけれど、「いてくれると助かる」そんな副菜でありたいです。

　私は「子どもや保護者の人生に関わるのだから、常に一生懸命でありたい」と思い、自己研鑽しながら、仕事に取り組んできました。これからもその気持ちは忘れずに、子どもや保護者の背景にあるものを想像し、感情に寄り添い、子どもや保護者が人と繋がりながら生きていけるよう、私自身も人との繋がりを大切に支援をしていきたいと思います。

第 2 章

新しい知見を積極的に活かす

宇都宮千賀子
広島県西部こども家庭センター

　子どもの代弁者となり子どもの権利を保証するための児童心理司の取組について、経験を基に述べたい。

子どもから話を聴く際に

　「子どもというものは常にすべてを許し、すべての責めを自ら負い、決して憎まず、起こってしまったことは速やかに忘れ、何も根にもたず、誰にも何事も語らず、何とかぶたれないようにしようと自ら工夫し、なぜ父親が不機嫌なのか知ろうとし、父を理解しようとし等々、あらゆる努力を惜しまないものです」とアリス・ミラーが被虐待児の心情を述べている。

　それゆえいったん話しても、「自分が悪かったから」「怒らないときは優しい」と親を庇ったり、混乱して内容が一貫しなかったり、不安から撤回する子どももいる。自ら助けを求めた少年が、「帰ってやらなければいけないことがある、大丈夫」と急に帰宅を望んだのは、家に残した母親をDVから守らなければと思ってのことだった。児童心理司は、開示を巡るこのような子どもの心情をよく心得、不安を減らすよう説明に努め、子どもが何を恐れているのかに気付きたい。

　特に性的虐待では、初めて被害が開示された場合、事件の詳細は聴き過ぎず、子どもには後できちんと聴くことを伝え、司法面接を要請する。司法面接の場で話すことが子どもの安全確保の決め手となることもあるからだ。

様々なアセスメント

　限られた時間でも子どもの環境と内面の情報を収集できるよう、半構造化面接などの工夫を行っている。トラウマは子どもが落ち着くと軽く見積もってしまいがちだが、遷延するものであり、チェックリスト（TSCCなど）も使って

2. 心理の視点から

評価し、医師に相談している。保護後のケアによって子どもにどんな変化が見られたかも重要な観点である。保護後の行動面の改善をCBCLを用いて示し、司法の理解が得られたケースもあった。

語ることのできない乳幼児の場合、環境の影響の評価は簡単ではなく、調査を細かく補いたい。調査のための一時保護を児童心理司から主張する必要もある。そのためにも一般的な乳幼児を熟知しておきたい。親子関係を深く評価するには、児童心理司も親と面接し、子どもの生育歴を親の生活歴と絡めて振り返りながら聴くことや、親子の交流を観察することも勧めたい。

そして心理所見の作成にあたっては、法的根拠となりうるように事実と評価を分けて記載するなど、司法の専門家から学ぶ必要がある。

子どもと親への支援

性的虐待ケースでは、開示後激しく混乱したり、長く社会適応に苦しんだり、低年齢での被害から数年間の通所指導の後に突如怒りが沸き始め、思春期に更に動揺する子ども達と出会った。その中で当初からトラウマを評価し、非加害親も含めて長期連続的なトラウマインフォームドケアにより回復を支援する体制が必要だと痛感している。

親自身も虐待や逆境体験を生き延び、不安や怒りを抱えていることが珍しくないが、その支援はまだ少ない。DV逃避で母親が抑うつ的になり子どもたちが施設入所したケースで、母親に外部委託先でのカウンセリングを薦めたところ、「自分のことをこんなに興味を持って聴いてもらったのは初めて」と約1年間継続し、エンパワメントされて生活と親子関係が好転したケースがあった。児童相談所の中での親自身のカウンセリングは設定の難しさもあり、外部のエキスパートの力も導入するようコンサルテーションにも取り組みたい。

今後は親子関係に介入する治療が導入されることを期待したい。筆者の所属でもPCIT（親子相互交流療法）及びその普及版の心理教育であるCAREについて、施設入所児童と指導員、里親子、家庭復帰前の母子に実施したところ、情緒的な交流が深まると共に養育者が適切に子どもの行動をコントロールできるようになる効果が見られており、家族再統合支援として実施できるよう体制

第 2 章

を整えていきたい。

【参考文献】

Alice Miller：*Am Anfang war Erziehung*, Suhrkamp, Frankfurt/Main, 1980（山下公子訳『魂の殺人　親は子どもに何をしたか』新曜社、1983年、154頁）

奥山眞紀子・西澤哲・森田展彰『虐待を受けた子どものケア・治療』診断と治療社、2012年

「児童相談所における性的虐待対応ガイドラインの策定に関する研究　2011年度版」（厚生労働科学研究費補助金政策科学総合研究事業）

相澤仁・犬塚峰子『子どもの発達・アセスメントと養育・支援プラン』明石書店、2013年

小平かやの「児童福祉領域におけるPCIT」『こころの科学』206巻、2019年、55-58頁

目の前の母子のため、前例を超え、前例をつくる

鈴木八重子
元公立保育園園長

　子どもは誰もが、一人ひとり個を尊重され、大切にされなければならない。自己肯定感を持ち、自分が大好きで大切にできる子どもの育成、そのことが、他人にも気持ちを馳せ優しくできる子どもを育てることに繋がる。そのためには子ども時代を有意義に過ごすこと、中でも「遊び」が重要である。遊びは子どもの発達のすべてであり、遊びから子どもは失敗を繰り返しながら様々なことを発見し学んでいく。知識をただ頭に入れても忘れてしまうが、実体験から学んだ知見は生涯にわたって自分の生きる力となる。

　また、喜怒哀楽の感情や他者への理解等、人との関係もすべて集団を通して体験から学ぶ。子ども時代を有意義に過ごすことが、子どものストレスをなくし、ひいてはいじめや不登校をなくすことにも繋がるのではないだろうか。日々の保育の中で、子どもが主体となる活動や体験を十分取り入れ、子どもが自分らしく生きることができる環境を整えるのは大人の役割である。

　保育所に通ってくる子どもたちは、どの子も平等に保育を受けているが、家庭環境はさまざまである。子どもは24時間、安全で安心な生活ができることが望ましい。そのために、保育者は日々子どもの様子を微細に観察し、小さな変化も見逃さないようにしたい。子どもは、不利益な環境にいたとしても、自分からSOSを出すことはできないからである。

前例を超え、母子に寄り添う

　以前、母親の体調がすぐれず、保育園を休みがちな子どもがいた。実際は養育困難の家庭で、子どもは養育放棄に近い状況で生活していた。このことは、子ども自身が保育者に何気なく話したことがきっかけで明らかになった。保育所では緊急会議を開いて、子どもの現状と解決策を検討した。さまざまな考え

方があり難しい面もあったが「子どもの利益」を優先し、園で送迎することで子どもが継続して通所できるようになった。

　子どもが毎日通所できることで、母親の体調もだんだんよい方向に向かい、保育所での送迎は短期間で終わった。母子家庭で頼る人もなく子育てをしていた母は、話を聴いてくれる人や場所ができたことで気持ちが楽になり、人に頼ってよいことを学んだ。子どもの送迎等は保育所で行う例は稀だが、誰かが手を差し伸べないことには、子どもはその環境から抜け出すことはできない。決まりごとの枠内で考え対処していては、子どもを救うことはできないのである。

　こんな例もあった。自分の子どもが夫や保育士に可愛がられる姿を見ると嫉妬し、可愛いと思えなくなると涙ながらに話す母がいた。この母は、小さい頃から親に可愛がられた記憶がなく、子どもができたら思いっきり可愛がろうと思っていたが、現実には子どもに嫉妬してしまう自分が辛いと話す。

　このケースは、夫にも話せなかった自分の生い立ちを他人に話すことで、記憶の整理ができ、客観的に母と現在の自分を重ねて、共感できることを見出すことができた。長い時間をかけて母親を受容し肯定することで、母親自身の安心と自信に繋がった。保育所等では、子どもや保護者との何気ないコミュニケーションから、問題が発覚し解決に繋がることも多い。そこには、保育者の観察力や長年の経験や勘が大きく働く。保育者は自信を持って保護者支援に取り組んで欲しい。

「人としてどうするか」に立ち返る

　他にも、両親の離婚調停中にいる不安定な子ども。親の過度な期待に子ども期を奪われている子ども。子どもの貧困等々、子どもは小さければ小さい程、大人の助けがないと生きていけない。子どもが安心して生活できるように、保護者或いは養育者を受容し容認しながら、子どもの育つ環境を少しでもよい方向に変えていくこと。そのためには、前例がないことへの躊躇やことなかれ主義からは解決は生まれない。前例がない場合でも必要性を感じたら、そこから前例が作られるべきである。

究極、子どもを救う時に制度や規則が妨げになるようであれば「人としてどうするか」の考えや行動に至らなければならない。また、保育所等の施設だけでは限界がある場合は、地域の子育て支援施設や民生委員などの協力を得ることも必要である。

第 2 章

児童虐待を防ぐために、教育現場で留意すべき 5 カ条

鈴木　智(さとし)
南房総市教育委員会教育相談センター長

　私は、学校等に勤務した後、4年前から千葉県南房総市の「子ども家庭総合支援拠点」の統括業務に携わっている。
　学校では児童虐待への対応に大いに戸惑った。その最たるものは認知の難しさと通告への迷いだった。前者は虐待の見えにくさ、後者は親との関係悪化の心配からである。
　教育現場から児童福祉の最前線の一端に身を転じると様々なことが見えてきた。保育所、幼稚園を含む学校の教職員に認識してほしいことの一部を私見として述べる。

子どもは学校生活でバランスをとる

　虐待事例を受理した際、学校に問い合わせると、「学校ではよくやっている」「問題は感じなかった」との回答を得ることが実に多くある。不適切な養育環境にある子どもは、学校生活で成就感や存在感を得て、自身の心のバランスをとっているように見える。学校では子どもの姿のごく一部しか垣間見ることができない。そのことを学校勤務の頃はほとんど認識していなかった。
　「学校でよくやっている」は、その子の安全を評価する有効な指標にはなり得ない。

子どもは容易に相談しない

　子どもは、家庭内での辛いできごとを「大丈夫」「これくらい」と思い込み、自身を保つことが少なくない。ある種の正常性バイアスである。健康な心が歪め続けられる。教職員に相談しようとする閾値には大きな個人差がある。容易に相談しないことを念頭におき、子どもとかかわっていくことが求められる。また、SOSを発信する構えや手立てをしっかり教えていくことが必要な時代で

ある。

心身の安全に関することでは安易な約束をしない

　家庭内の様子を外部から窺うことは困難である。虐待などの不適切養育は、いわば密室で行われ悪化していく。子どもから相談された際、「他の先生や親には言わない」との安易な約束は決してしてはならない。虐待の密室性に教職員自身が加担することになる。

　「あなたの安全はみんなで考える」との姿勢で対応する。密室性を取り除くことが、虐待の改善や解決への第一歩と考えている。

学校は児童虐待を解決する機関ではない

　学校は子どもたちの諸問題に真剣に取り組む機関である。その組織力と経験則には優れたものがある。しかし虐待が疑われる場合でも、軽微なものと判断し学校のみで対応する例が散見される。その際、保護者との関係性を重視しがちである。私も勤務校でそのような考えで臨んだことがある。

　しかし、不適切養育は、保護者との関係性ではほとんど解決できないことを今は実感している。いち早く関係機関に通告し、連動して対応にあたるべきである。他機関が学校以上に情報を把握している場合も少なくない。そもそも学校は児童虐待や不適切養育を解決する役割を担う機関ではない。

疑われる情報を得たら、ためらわずに通告する

　ある学校が得た情報は些細なものだった。きょうだいの所属する別の学校に問い合わせて話を総合すると、明らかに虐待相当と判断でき、即日一時保護になった例もある。虐待が疑われる情報を得た場合、問題を過小評価したり、様子を見ることにしたりする判断は誤りである。ためらわずに通告すべきである。

　「子どもの心身を守る」うえで学校は一つの砦である。通告したものの問題性はなかったという「空振り」は大いに認められてよい。あってはならないのは「見逃し」である。

　校長時代、私はためらい続けた末に市の担当者に背中を押され通告した。子どもは一時保護された。保護者とはトラブルにならず、後日、父から丁寧なあいさつをいただいた。

第 2 章

設立の熱い思いに応えよ

土居和博
伊予市子ども総合センター長

　平成24年8月、私は定年退職を7か月後に迎え、愛媛県伊予市のある中学校にいた。気になる二人の3年生は、髪を金髪にし、中学最後の夏休みを謳歌していた。素直な、いい子たちである。
　このままでは、二人の2学期からの生活が心配で、「石鎚登山に行かないか？」と声をかけた。西日本最高峰の山である。気心の知れた二人から即答で「行く」と答えが返ってきた。

黒髪に戻し、中学校生活に励む
　朝の6時30分に、よく訪問している市営住宅に迎えに行く約束をした。私は、5時頃から3人分の弁当を作り、住宅まで行くと、なんとすぐに出てきた。二人は「ずっと気になって寝てないんよ」と言う。登山口に着くまでの3時間は爆睡していた。山の上は小雨で、買ってきたカッパを着せ、弁当と飲み物を背負わせ、登山を開始した。往復6時間の行程である。
　昼前頂上に立った二人は、歓声をあげ無邪気にはしゃぎ、笑顔がはじけた。実に子どもらしく、かわいかった。
　下山の途中、ベンチに座り弁当を広げた。「卒業したらどうしたいの」「高校へ行きたい」と話した。黒髪に戻し、2学期から真面目に学校生活を送り、無事高校に合格、卒業式を迎えた。涙でかすむ二人に「がんばったね」と卒業証書を手渡すと、笑顔で応えてくれた。

起きてしまった事件
　私は退職後、愛媛県砥部町の教育施設にいた。ほどなく二人が高校に行けなくなったと聞いた。
　1年半経った夏、大々的にメディアが報じた。あの市営住宅で、あの二人が

中心となり、居候していた女の子を殺害。遺体が押し入れで発見された。「伊予市下吾川同居女性遺体遺棄事件」である。児童相談所も警察も関わっていた。しかし、事件は起きてしまった。

何が悪かったのか

誰が予測して防ぐことができたのか。この家庭には、たまり場のように人が集まり、家出少女も来ていた。母がいても全く家庭をなしていない。何が悪いのか。対症療法に明け暮れるのは誰もうんざりであるはずだ。

離婚に起因し、家庭崩壊に起因すると言っても、離婚した家庭はいくらでもある。こんな家庭にしたのは誰なのか。この母に親としてのあり方を教えてこなかった責任は誰にあったのか。学校教育を卒業するまでに、愛情の大切さ、人のために尽くすことなど、教えてこなかった教育者が悪いのか。

連日マスコミは報道し、PTAでもお世話になった方が矢面にたって対応されていた。

子どもと、親と、心をつないでいく

事件から1年半後、「二度と伊予市からこのようなことを起こさせない」との熱い思いで「伊予市子ども総合センター」が産声を上げた。職員13人（センター長1・事務職3・家庭児童相談員1・家庭相談員2・心理カウンセラー1・適応指導教室指導員3・巡回相談員2）が配置された。設立に尽力された方からセンター長の話をいただいた。あのかわいい二人を思い、こんな私でよければとお受けした。

私は、子どもの目線に降りて、目と目を見て話すことを信条としてきた。給食をともに食べながら、下校をともに歩きながら会話を重ね、心をつないできた。そうする中で保護者とも信頼関係が生まれてきたように思う。

伊予市にも、たくさんの悩みや不安を抱え、支援を必要とする家庭がある。あのかわいい二人と同じような子どもを二度と出さないためにも、「親子が信頼関係の絆を育み、家庭が子どもにとって安心の基地」になるよう、職員一同、設立の熱い思いに応え続けなければならないと、奮闘する日々である。

第 2 章

子ども自身が、生きていく力を養うために

下野厚子
元兵庫県立高等学校校長

　高等学校で教諭、教頭、校長と勤務し、家庭での問題を抱えた生徒の事案をいくつか経験した。状況は様々だが、生徒が安心して生活し学べるように、よりよい解決方法を探る中で、市町村相談窓口や児童相談所との連携がより効果的であるために望まれる点について、二つの例をあげて述べたい。

二つのケースから得た気付き

　高等学校入学直後の担任による本人との面談から、家庭状況が心配されたケースについて、学校として市の相談窓口と児童相談所に問い合わせと相談をした。ネグレクトにより小学生の弟と妹の生活が乱れ、万引きや不登校等も起こしていて、市のケース会議に上がっていることが分かった。高校生の姉は、生活態度、授業態度や出席状況等に問題行動はないものの、学校として静観できないと判断した。

　本人が直面している状況をきちんと把握するために、小・中学校と各関係機関へ連絡を取りつつ、保護者とも慎重に連絡を取った。学校が事実を把握していることや児童相談所と連絡を取っていることを知らない場合やそれを望まない家庭もあるからだ。

　高校関係者は本来のメンバーではなかったが、ケース会議に参加させていただいた。当然のことながら高校生の姉について、また姉と弟妹たちとの関係性について、話題にはならなかった。弟妹の困った状況をどう解決していくかについては、姉との関係性を考えていく必要もあり、さらに姉自身にも家庭のしんどさが影響してくる心配もあった。

　ケース会議で話し合いはするものの、実際にどのように生徒本人や保護者と対応するべきかの具体的な内容にまで深めることができなかったことが、残念

だった。

　もう一つのケースは、父親からの暴力があり児童福祉施設から入学した生徒だが、私たちの知りえる概要は、高等学校から元の中学校と児童相談所に問い合わせて得た情報のみである。その生徒は家庭に戻ることになったが、本当に適切な解決なのかは疑問が残った。すべての情報の共有は難しいのかもしれない。また、上記のどちらのケースも、高校3年生の間に18歳になるが、年度内は相談を継続できるようになればいいと感じた。

子どもをめぐる情報の共有

　学校現場での教育や指導と、市町村相談窓口や児童相談所のサポートがバラバラではなく、家庭状況をトータルで見る、また、一人の子どもの人間的な成長をいろいろな立場から多面的に見て、総合的にとらえるようにできないだろうか。制度面や個人情報や守秘義務等の問題はあるが、それをいかにクリアして、情報の共有が図れるかである。学校としても教師が踏み込めない部分での家庭の状況を把握でき、また、学校での様子や言動を伝え統合することで、より的確な判断にもつながるのではないかと考える。

　問題を解決するには、今ある問題を解消するだけではなく、「降りかかっている問題をどう乗り越えて、子どもたちが今後よりよく生きていけるか」が重要である。

　今、目の前の困っている子どもたちや保護者と向き合い、寄り添いながら対応する際に、最も大切にしたいことは、「対話」である。どのように問いかけるのか、そして相手の言葉にどのような思いや願いがあるのかを考え、気付く力が必要だ。

　それぞれの専門性と各自治体においてサポートに携わる者全体で、一人の子どもに携わり、子ども自らが自分を守りよりよく生きていく力を養うというポイントを持って取り組むことが、課題解決へつながる道であると考えている。

第 2 章

担任教師だからできること

新崎綾子
沖縄県公立小学校教諭（特別支援教育コーディネーター）

　ここ数年、児童虐待に関するニュースが後を絶たない。毎日学校の現場で子どもたちと過ごしている教師が、子どもの虐待を見逃すわけがないと信じたいところであるが、実際は難しいことも実感している。
　地元の小学校で教師として採用されてから、実に様々な子どもたちやその保護者とかかわってきた。その中で私が「虐待」とかかわったケースから2例紹介する。1つ目は10年以上前に受け持った2年生の男の子のことである。

不思議な交換日記

　その子の宿題の日記の筆跡が時々変わることがあった。彼は幼い妹たちとお母さん、長期出張で留守がちなお父さんとの5人家族で、その日記はお母さんが書いたのだとすぐに気づいた。「もうすぐお父さんが帰ってきます」「お父さんが作るお料理はとてもおいしいです」「先生にもぜひ食べさせたいです」という数日間のやり取りの後、「先生、ぼくのうちに来て、いっしょにごはんを食べてください」と何度も誘いを受けた。最終的に仕事が忙しいことを理由に断ったが、その後も時々、お母さんの代筆で私との交換日記は続いた。
　しかし進級した翌年、彼の妹がお母さんからひどく殴られてけがをし、病院に救急搬送されるという事態が起こった。お母さんは兄には一切手を上げず、すぐ下の妹だけに暴力をふるっていたらしい。遠方から駆け付けたおばあちゃんに、彼ら兄妹は保護された。
　あの時、家を訪ねてお父さんに挨拶がてら家の中の様子を見たり、お母さんともっと親しくなったりしていればこのようなことは起こらなかったのではないか、と深く後悔した。息子の日記を代筆してまで、私とのつながりを求めていたお母さんの気持ちに気づくことができなかった。その出来事から、子ども

だけでなくその親の言動まで注意深く見るようになった。

母娘の感情のもつれをほどく

　２つ目は５年生の女の子のこと。３年生の頃にこの子の頬に青あざを見つけた担任が理由を聞くと、「お母さんにやられた」と答えたという。そればかりか、夜遅くまで家事を手伝わされ、ご飯も食べさせてもらえないということですぐに校長や養護教諭、スクールカウンセラーにつなぎ、全職員に周知された。民生委員もその子の家を何度か訪問していた。私は５年生になったこの子の担任になり、彼女が利発で活発でありながら男子に乱暴なかかわり方をすることでトラブルが絶えず、作り話も多いのが気になった。そして、申し送りのイメージと異なり、体格がよく、いつもおしゃれな身なりをしていることも意外だった。

　家庭訪問のとき。彼女のいいところを聞こうとする私に、母親は逆に不満に思っていることばかりを口にした。さらに、「民生委員が家に来たのは、確かに私が厳しく叱り叩いたからではあるが、それはこの子が何度も約束を破り、嘘をついて遅くまで外で遊んで帰ってこなかったからだ」と言う。「いつ頃から嘘をつくようになりましたか」と尋ねたら、「幼稚園の頃から」。「それは、弟さんが生まれた頃では？　さみしかったのでは？」と言うと、はっとした顔で「そうかもしれない」と答える母親。

　ここで私は賭けに出た。「実は○○さんは、お母さんに嫌われているんじゃないかと心配しているんです。お母さん、○○さんのこと嫌いなわけないですよね？」。しばらく沈黙が続いた。それはほんの３〜４秒ぐらいだったかもしれないが、「ああ、聞かなければよかった」と内心焦っていた。

　何か別の話をしようかと迷っていると、ようやくお母さんの重い口が開いた。「好きに決まっているでしょう。あなたがいろいろ手伝ってくれて、どれだけ助かっているか…」。お母さんのその言葉を聞いて、彼女は「ずっと嫌われていると思ってた」と泣きじゃくった。お母さんも彼女も正直な気持ちを伝え合うことができずに、お互いに誤解したまま関係がこじれていたのだ。

　この日を境に彼女は落ち着き、お母さんもこまめに連絡をくれるようになってスムーズに学校生活を送ることができた。後で彼女にじっくり話を聞くと、

3年生の頃いろいろな先生にお母さんのことを聞かれて、つい大げさに話してしまったとのことだった。実際は、お母さんは夜遅くまでこき使うことも、ご飯を食べさせないということもなかったのである。

　もし私もそのお母さんを「虐待するひどい母親だ」と決めつけて接していたら、お母さんと彼女の関係は悪化し、本当に虐待せざるを得ない状況を作り出したかもしれない。私は専門家の見立てや、先生方からの申し送りをそのまま受け取るよりも、彼女と毎日7～8時間共に過ごし、たわいない会話や日々の観察から抱いた違和感を自分で確認することを選んだ。その結果、それまでの2年間変わらなかった親子関係を好転させるきっかけをつくることができた。これは、子どもだけでなく保護者と直接かかわることのできる担任の「特権」だと思っている。ほんの少しのかかわりであっても、何もしないより何か行動することで状況を変えたり、次の手立てを考えたりすることができるのである。

教師が真に優先すべきこと

　毎日宿題調べに追われ、いかに学力の定着を図るかを優先にしている学校現場では、子どもの心の声はかき消され、救えるものも救えなくなってしまうおそれがある。今はがんばれない子、やる気が出ない子、元気がない子であっても、否定されず、「どうしたのかな？」「何か困ったことがあるの？」と話を聞いてもらえたら、子どもは安心して教師を信用し、頼ることができるだろう。万が一、虐待の可能性があってもその親を非難するのではなく、子どもと共にていねいにかかわりサポートすることが大切なのだと自分自身の経験から学んだ。

　「教員の多忙化解消」が叫ばれている今日、真に優先すべきものを教師自身が取捨選択し、子どもたちが安心して過ごせる学校で、子どもたちの命を守り、子どもたちの幸せを保障するのが、私たち教師の役目だと思っている。それをしっかりと機能させるには、校長や養護教諭、同僚、外部機関と情報を共有し、多くの人の見守りと必要なかかわりへの協力を得ることが不可欠である。

　しかし、何よりもまずは、私たち教師自身が目の前の子どもたち一人ひとりをよく見て、子どもたちの声に耳を傾け、子どもたちを知ることこそが、最優先されるべきではないだろうか。

少女への性的搾取を生む社会を変える、大人の責任

仁藤夢乃
一般社団法人Colabo代表

少女たちと共に考え、行動する

　私が代表を務めるColaboでは、中高生世代を中心とする10代女性を支える活動を行っている。私たちは、少女たちを社会を変える主体だと考え、「支援する」ことや問題解決することではなく、関係性をつくること、選択肢を増やすこと、その時々の少女たちの揺れに寄り添うこと、「支援者／被支援者」の関係性ではなく、共に考え、行動することを大切にしている。

　公的支援に繋がらない多くの少女たちの中には、自分の困りごとに気づいていなかったり、共に状況を整理する大人がそばにいなかったり、「相談する」ということが思いつかなかったり、「逃げるな、甘えるな、お前のせいだ」などと言われて育ってきたことなどから「相談」や「支援を利用する」という言葉や行為自体に抵抗感を持つ人が多くいる。そのため、私たちは「支援臭」を消し、「相談」や「支援」を目的としない場づくりをすることで、利用してもらいやすい雰囲気づくりを心掛けている。

児童福祉から排除され、性を「買われた」少女たち

　2011年の団体設立以降、年間100名以上の少女たちとかかわり、2018年度の利用者は550名を超えた。私たちが出会う少女のほとんどが、虐待や生活困窮を背景に、性的搾取の被害に遭っている。しかし、児童福祉の現場でも「どうしてそんなことしちゃったの」と、子どもを責める大人は少なくない。

　日本では、児童買春は「援助交際」という言葉で、「遊ぶ金欲しさに」「気軽に足を踏み入れる少女たち」という文脈で、大人から少女への援助であるかのように語られ続けてきた。そこにあるのは「援助」や「交際」と呼べるものではなく、「暴力」と「支配」だが、買う側の存在や性暴力、子どもの傷つきや

第2章

トラウマに目を向ける人は少ない。「売春」という言葉に表されるように、それは売る側の個人的な問題として語られ、社会的背景や要因、「買う側」の存在には目を向けられてこなかった。

2015年夏、16歳の少女がSNSを通して男性に売春を持ちかけたとして逮捕された。少女は高校を中退し、家に帰らず半年間居所不明で、任意の事情聴取ができないことから逮捕に踏み切ったと警察は発表し、メディアは「少女は遊ぶ金欲しさに売春し、得た金を洋服や映画代にしていた」と報じた。私は、彼女は単に親の言うことを聞かない子どもなのではなく、家に帰れない、帰りたくない事情があったのではないかと思った。彼女は食費や生活費が必要だったのではないか。そのお金で、ご飯を買ったり、宿を確保したり、漫画喫茶でシャワーを浴びたりしたのではないか。半年間生活するには衣類や娯楽も必要で、映画を見たり、洋服を買ったりするのは当たり前のことではないか。

助けを求めることをあきらめた少女を探し、声をかけるのは誰か

私は「売春」を心から「好きでやった」と話す少女に出会ったことはない。性売買・性的搾取の現場で行われる性暴力は、対等な関係性の中で合意のもとで行われる性行為とは違うことが、児童福祉に関わる人にも理解されていない。そして、少女たちにそうせざるを得ないと思わせる状況を生み出しているのは大人であるのに、あたかも少女たちの主体性や自由意思に基づくものであるかのように捉え、子どもに責任を押し付けている。

性的搾取の被害に遭った少女の中には「自分でなんとかしなければ」と強く思っていた人が少なくない。女子少年院で話をさせてもらうと、入院している少女の多くが性的搾取の被害経験を持っている。そのほとんどが、「人を頼ったらいけない」と思わされてきたことから危険に繋がっている。性的搾取の斡旋者や買春者など、子どもを性的に商品化し、消費し、利用しようとする大人たちは、孤立した子どもに巧みな手口で近づく。街でもネットでも、そうした子どもを探し、支援者よりも圧倒的に多い人数で、早い段階で声をかけ、衣食住や仕事、関係性を提供することを手段として近づく。間違えてはならないのは、決してそれはセーフティネットではなく、搾取のための手段である。支援

に関わる者には、搾取や暴力の社会的構造を捉える力が必要だ。

気付いている福祉関係者が声をあげなければ変わらない

　また、大人が子どもを大人の都合でルールを押し付けたり、管理したり、都合よく「主体」や「自立」という言葉を使ったり、子どもを「保護」や「支援」「措置」の対象・客体として捉えるのではなく、本人たちの意思を尊重できるだけの選択肢をつくり、本人たちが主体的に生きることができる環境をつくることが必要だ。

　そのためにも、児童福祉に関わる大人は、目の前の仕事に取り組むことだけでなく、子どもを制度の枠に当てはめようとするのではなく、そこから見える支援や制度の不十分さや矛盾、問題を明らかにし、それを変えるために声をあげる責任がある。それをしない限り、困難な状況に置かれる子どもは増え続ける。その加害者にならないために、子どもたちより圧倒的に立場も権威もある私たち大人が、自己保身するのではなく、自身の責任として、子どもへの暴力を生み出す社会構造を変えるために行動することが不可欠だ。

第 2 章

ドメスティック・バイオレンスと児童虐待

西山さつき
NPO法人レジリエンス

DVとは

　DV(ドメスティック・バイオレンス)とは、夫婦間など親密なパートナーシップの中で繰り返し発生する暴力のある関係性です。3年に一度行われている内閣府の調査では、3人に1人の女性が配偶者からの暴力を経験しているという数字が出ています。

　「周囲でそれだけのDVが発生しているとは思えない」と感じるかもしれません。それは、DVで悩みながらも周囲には相談できずにいる人や、身体的暴力がない場合は「DVを受けている」と気づいていない人が多くいるからです。「夫は機嫌が少し悪かっただけ」「彼は優しい時もある」などと矮小化して、つらい状況をやり過ごそうとすることも多くあります。

　バイオレンスという言葉の印象から、身体的暴力のイメージをすることが多いのですが、身体的暴力を用いず、精神的暴力や経済的暴力が用いられているDVもあります。

　身体的暴力を用いていない場合は、モラルハラスメントと表現されることもあります。

「支配」と「権力」

　DVで用いられる暴力は身体的暴力とは限らず、精神的暴力、経済的暴力、性暴力、デジタル暴力など様々なパターンがあります。

　夫婦げんかとの違いは、パートナー間にある強烈な権力と支配、そして被害者が加害者に対して感じる大きな恐怖心です。暴力は断続的に発生することもありますが、被害者が一度暴力をふるわれてしまうと、その後は暴力がなくても恐怖心から加害者に従ってしまうというケースもあります。

　また継続していた被害者からの相談が途絶えた時は、支配や暴力がエスカ

レートして、相談に来ることすらできなくなっている可能性もあります。

DVがもたらす影響

　筆者自身のDV被害経験から感じていることですが、DV家庭の恐怖感・緊張感は大人でも耐えがたいものがあります。支配下におかれた被害者やその子どもたちが、自分自身の感情や考えを喪失していくような生活です。

　自分を守るすべがない子どもたちは、DV家庭の中で深く傷つき絶望していきます。被害者も子どもたちも、ただ暴力が終わればいいと考え生活するようにもなります。

　多くの場合、加害者は四六時中暴力的なのではなく、機嫌がよい時や少しましな時間もあります。暴力があったり状況が少し緩和するように感じる瞬間がある環境の中では、被害者はトラウマティック・ボンディングという特殊な心理状態になります。暴力を受けながらも「別れたくない」と強く感じたり、別れた後にもよりを戻してしまうことがあるのです。

　被害者支援ではそういった被害者の心理を理解し、中長期的支援や加害者の元に戻ってしまう被害者を何度でも支援する体制が必要です。

DVと児童虐待

　DV家庭では、虐待などの暴力を併発していることも多くあります。被害者が子どもを守ろうとする行為が加害者をかえって怒らせることもあり、そういう場合に被害者は、子どもを守り切れないこともあります。心理的に追い詰められた被害者が、虐待に加担してしまうことさえあります。

　そのような子どもへの虐待が、加害者の絶対的な支配下で起きたことであっても、親から守ってもらえないことは子どもにとって耐え難いトラウマ体験です。DVに介入しDV被害者の支援をすることは、虐待への介入をすることにもなります。そして被害者である母親が心理的に回復することは、子どもの毎日の安心や安定につながり、心理的回復のための基礎を築きます。

　DVや虐待のある家で育った子どもたちを助けているのは、家庭以外の場での良い大人との出会いです。良い生き方のモデルを得て、人との良いつながりを経験することで、その子の将来は変わります。

第2章

"さよなら"から始まる養育支援

橋本 達昌
児童養護施設「一陽」統括所長

　私が初めて児童養護施設職員として養育に関わったY君が、妻子を連れ十数年ぶりに里帰りしてきた。彼は現在38歳、遠く北海道の地でトラックドライバーとして頑張っている。知り合いの和食屋に招き、初めて会った彼の大切な家族と一緒に山海の幸を楽しんだ。
　「今、何歳？」。…彼の愛し子に尋ねると、「4歳！」と健やかに指を立て答える。「お父さん、お母さんは好き？」と聞くと、「大好き！」と少々はにかみながら返してくれた。そんな何気ない温かな家族の団らんの只中にありながら、私はふと彼の中学時代を思い出していた。

修学旅行に行きたくない理由

　「俺、修学旅行には行かん！」。…Y君が突如、そんな無茶を言い出したのは、中学の修学旅行に出発する、まさにその日の早朝だった。急遽、学校の担任の先生も駆けつけ話し合いが始まった。「一緒のグループに嫌な奴がいるの？」「仲間外れにされているの？」。…首を振り、押し黙り続けるY君…だったが、約1時間に及ぶ大人の群の説得に根負けしたのだろう、彼は渋々担任の車に乗って集合場所に向かってくれた。
　懸案の修学旅行から帰り、Y君に普段の穏やかさが戻った頃を見計らって、私はあらためて修学旅行を拒絶した理由を聞いてみた。彼の口からは、「ディズニーランドに行きたくなかったから…」と、意外な言葉がポツリ。続けて「お父さんとお母さんと最後に行った場所が、あそこだったから…」。うつむきがちに答えてくれたY君に対し、「辛いことを思い出させてごめん。教えてくれてありがとう」。…新米指導員の私は、それ以上言葉を紡ぐことができなかった。

ケース記録によると、サラ金に追い詰められた彼の両親は、当時4歳の彼を祖父母宅の軒下に置き去りにし失踪したという。置いてきぼりにされた事実を知る由もないY君は、値札の付いたミッキーマウスのぬいぐるみを大事に抱きしめていたと記されている。以来、彼は一度も両親に会っていない。だからY君にとってのディズニーランドは、両親との最後の記憶が留まる、かけがえのない思い出の地だったのだろう。

　…そうして、そう、そうだ…彼が家族と別れ、ぬいぐるみを抱えて施設に入所してきたのは、今まさに目の前で無邪気に微笑んでいる、この幼子の齢だったのだ。

育ち合い、溶け合っていく時間の重なり

　大切な人との"さよなら"を経て、子どもたちは施設にやってくる。そして持て余すほどの悲しみや怒り、不安や緊張を抱えながら彼らは新しい暮らしを始める。児童養護施設とは、そんな子どもたちと彼らを支援したいと願う大人たちとの迷いと揺れと畏れに満ちた共同生活の場なのだ。それゆえ、そこでの暮らしは時に衝突しつつも、互いにほんの少しずつ育ち合い、溶け合っていく時間の重なりに他ならない。

　養育とは何か？　支援は如何に？　…物知り顔で語れるほど児童養護の世界は甘くも浅くもない。育児放棄、暴言・暴力による支配、偽りや裏切り…決してあたりまえではなかった過去を刻んできた彼らが、安全で安心で、それゆえに極めて平凡な日常を、あたりまえのものとして受け入れられるそのときまで、彼らとともにもがき続けていく日々…そんな日々の連なりこそが、養育支援そのものなのだ。

　養育の実践現場から言えば、"児童相談所の危機介入機能（緊急対応・一時保護等）の強化"という今日的命題は、単に救済の始まりに過ぎない。真の意味で子どもの回復と癒し、人権を保障していくには、果てしない時間と労り（いたわ）を要することを肝に銘ずるべきであろう。

第2章

虐待を受けた子ども、支える里親に必要なもの

齋藤直巨(なおみ)
里親・一般社団法人グローハッピー代表

虐待を受けた子に寄り添うとは

　私が初めてお預かりした2歳の女の子は、実父からの虐待を受けていました。「お父さん」という言葉を聞くだけで泣き叫び、震え、眠いといって目をつぶってしまう。その子にとって虐待から逃げる唯一の手段は、眠ることだけでした。初めは困惑した子どもの態度も、自分を守るための必死の行動だったと分かり、小さな身体で一人耐えていたのかと思うと切なくて涙が出ました。
　虐待が発生したと思われる場面（食事や排泄など）で突然パニックになってしまう子どもに困りながらも、子どもの感じる「怖い」をそのまま受け取り、一つひとつその子の安心できる方法を用意しました。
　ソファの上に手編みの大きなひざ掛けを用意して専用の「シェルター」を作り、怖いと思った時に逃げ込めるようにしました。怖いことは起きないのだと安心したのか、2週間ほどで「シェルター」は必要なくなり、1か月程経つと怖かった夫とも仲良く公園へ遊びに出掛けられるようになりました。
　里親は、虐待の起きた環境と近い家庭をベースにしているので、恐怖が蘇りやすく、パニックも起こしやすいという不利な点はありますが、安定した養育者のいる環境で「虐待されない」という日々の繰り返しの体験を積めることが大きな変化の切っ掛けをもたらし、子どもの心を回復させていくのだと感じました。寝食を共にするので、繊細な情報収集ができることも利点です。子どもがわずかに見せる表情や言葉使いを元に、きめ細かい個別ケアを用意できるからです。

里親が経験する養育とは

　生活全てが怖くて、「大泣き」から「寝る」という方法で周囲との関わりを

シャットアウトする子どもを育てることは、イヤイヤ期などはるかに凌ぐほどの難しさでした。

　どんなに頑張っても対処がうまくいかない無力感、さらに、虐待をした親と里親の顔がダブって見えるようで、子どもに虐待をしているかのようなリアクションを取られることも、想像以上の精神的ダメージを受けました。この時に私が感じていたことは、子どもが経験してきた無力感や逃げ場のなさと似ているのかもしれません。

　自分なりに精一杯子どもを大切にしているという意識があるので、子どもから受けるリアクションの全てはザクザクと心に刺さり、その気持ちはやがて「こんなに大切にしているのに何でそんな態度とられなければいけないの！」という怒りにもなりました。自分が虐待をしそうになった時のショックと怖さは忘れることはできません。

　このままだと子どもも、自分自身も守ることはできないと感じ取り組んだのは、夫や義母に相談し、まず周囲に理解してもらえるよう心を尽くして説明することでした。子どもに対しては、泣いている時はいつもスリングで包みこむように抱っこしてスキンシップをとり、子どもが好きな食べ物を用意して元気づけました。さらに、子どもの話を聞くときは、密室にならないよう、周囲の人がいる中（第三者の安全な介入）で行いました。

子どもの気持ちを大切にすることとは

　日を追うごとに落ち着いていき、私にしがみついてパワーチャージできるようになったころ、初めに感じていた私の無力感は消えてなくなり、私の方が反対にパワーをもらっていることに気付きました。

　虐待を受けた子どもも、支える里親も、苦しい時に必要なサポートとは「話を聞いてもらえる安心感を得ること」と、「頑張っていると信じてもらい、応援されること」だと思います。

　この糸口があれば、それぞれにとって良い方向へ進めていけると、自分の経験から強く感じました。

第2章

子どもの人権擁護と弁護士の役割

山下敏雅
弁護士（永野・山下法律事務所）

「このお子さんが一番信頼し、話ができている大人は、どなたでしょうか」。
　児童相談所や児童福祉審議会、区の子ども家庭支援センターや学校・教育委員会などのケース会議で、私がよくする質問です。
　保育園の先生や養護教諭、スクールカウンセラーなどの名前がすぐ挙がる場合もありますが、出席者全員がきょとんとして互いの目を見合い、名前が挙がらない場面にも多く出会います。

弁護士の視点から見えること

　弁護士は、皆さんがイメージするとおり、法律の解釈適用が問題となる場面、裁判所等の法的手続の場面で力を発揮します。児童相談所による児童福祉法や児童虐待防止法に基づく臨検・捜索や一時保護、施設入所措置、民法上の親権停止・喪失・未成年後見人選任等の審判申立ては、児童虐待に関して重要な法的手続です。しかし、それらのみならず、虐待や不適切養育の背景にある家庭が抱えている法的な問題は、離婚、養育費、面会交流、債務整理、賃貸住宅の明け渡し、国籍や在留資格、保護者が逮捕・勾留・起訴された場合の刑事手続の流れ、個人情報の開示請求への対応など、あらゆる分野にわたります。
　そういった法律の解釈適用、裁判手続の助言・支援は、もちろん弁護士の重要な活動です。しかしそれ以上に重要なのは、それらの活動の根底にあるのが「人権擁護」という弁護士の使命だ、ということです（弁護士法1条1項）。
　どんな人も一人ひとりが大切な存在として扱われ、尊重されること。誰かの物でも、人形でも、奴隷でもない。どんな属性・特性でも、他の人と異なるところがあっても、個人として尊重されること。孤独でない、一人ぼっちでない、と実感できる居場所があること。自分で自分の人生を選択できること。そして、

安心した毎日・幸せな人生を送れること。——児童虐待はこれらと相反するまさに人権侵害そのものです。そして児童相談所をはじめとする関係機関の取組みは、まさに子どもたちの人権を保障するためのものです。

子どもが人権の主体であるということは、書籍でも目にし、研修でも耳にします。しかし、その重要かつ当然のことは、抽象的な理念であるがゆえに、日々大量の業務に追われる中、一つひとつの具体的ケースにおいてなかなか意識されず、主人公である子ども本人の視点・意見・意思がスコンと抜け落ちていることが驚くほど多くあります。

子どもの人権享有主体性

つい最近まで、児童福祉法の一番最初の条文には、「すべて児童は、ひとしくその生活を保障され、愛護されなければならない」（下線筆者、以下同）と書かれていました（旧1条2項）。一見当然のことのように思えるこの表現も、よく読めば、子どもは、生活が保障され愛護される「対象者」であって、実質的な主語はあくまで大人でした。

その第1条が、2016年には「全て児童は、児童の権利に関する条約の精神にのっとり、適切に養育されること、その生活を保障されること、愛され、保護されること、その心身の健やかな成長及び発達並びにその自立が図られることその他の福祉を等しく保障される権利を有する」と改められました。子どもが権利を持つ主体であることが明確になったのです。

そして、その条文が触れている「児童の権利に関する条約（子どもの権利条約）」の中で、子どもの意見表明権を定めた12条が特に重要です。子どもが自分に影響のある事柄について意見を自由に表明できること、司法や行政の手続の中で意見を聞いてもらえること、代理人のサポートも得られることなどを保障しています。

もちろん、児童相談所や関係機関が子どもの意見を聞いていないということではありません。むしろ、ほとんどのケースで、子ども本人の意見をしっかり受け止め、その意向を尊重するよう努めています。しかし、虐待対応案件が急増している現状では、子どもにじっくりと向き合う余裕が大人の側になく、ま

た、子どもの意見よりも組織や大人たちの都合が優先されてしまいがちであることも否めません。児童福祉法1条が改正されても、実際の現場で引き続き使われる「保護」や「措置」という言葉は、どうしても子どもを権利の主体として扱う意識を薄めます。

子どもを主体的に位置づけるとは

　私たち弁護士は、10代の（主に10代後半の）子ども本人を、様々な立場で直接支援します。少年非行の付添人活動や、子どもシェルターでの子ども担当弁護士活動、学校問題（いじめ・退学等）での代理人活動や、両親の離婚事件における子どもの手続代理人活動、また、地域によっては子どもの権利条例を策定し、「子どもの権利擁護委員」「オンブズパーソン」等の名称で地域内の子どもの権利救済のために活動している場合があります（兵庫県川西市等。私自身も東京都豊島区で委員を務めています）。これらの活動の中では、法の解釈適用が必要な場面もありますが、実際には、事実関係の整理や、子ども本人への選択肢の提示、そして子ども本人の意思の決定とその表明の援助（意見の代弁）が、法の解釈適用と同じか、それ以上に、子どもの人権保障にあたって非常に重要な意味を持ちます。

　弁護士はこれらの活動を活かし、子ども本人を直接支援する以外の場面でも、例えばケース検討会議等で関係機関を後方支援するケースにおいても、子どもの視点・意見・意思を、常に意識します。この稿の冒頭の「このお子さんが一番信頼し、話ができている大人はどなたでしょうか」という私の問いも、その一つの現れです。おじ・おばなどの親族、民生児童委員、児童館職員、卒業した小学校の元担任、精神保健福祉センター職員、保健師、NPOのスタッフ等々、どんな立場・肩書きでもよいのです。子どもに常に寄り添う大人、子どもが信頼してかすかでもSOSを発信できる人がいることが、「孤独でない、一人ぼっちでない」と実感できる人権保障の第一歩ですし、そのSOSから前に進むことで、家庭内で起きている事実がわかり、子ども自身が何に傷つき、悩み、今何を心配しているか、これからどうしていきたいかを、大人たちが受けとめてサポートすることに繋がります。

目黒区の痛ましい事件を契機に東京都が制定し2019年4月から施行された虐待防止条例では、子どもが権利の主体であることを重視して、「虐待の防止に当たっては、子供の年齢及び発達の程度に応じて、<u>その意見を尊重する</u>とともに、子供の安全及び安心の確保並びに最善の利益が最優先されなければならない」(3条2項)、「都は、…<u>子供に対し、自身が守られるべき存在であることを認識するための啓発活動及び権利侵害に関する相談先等の情報提供</u>を行うものとする」(8条2項)、「都は…虐待を受けた<u>子供が自ら相談しやすい環境及び体制を整備する</u>ものとする」(9条2項)と、明確に規定しました。

もちろん、成長発達の段階や子どもの置かれた状況等から、本人の言葉を常に額面通りに受けとめてよいか慎重さが求められる場合があるのも、確かです。しかし現状は、その慎重な配慮以前に、子どもを主体的に位置づける意識自体が不足し、子どものSOSをキャッチできず、あるいは、子どもの意に反して保護や措置を解除するなどして、死亡等の重大な結果が生じていることもまた事実です。

精神疾患を抱えた保護者、攻撃的な保護者等の対応に追われ、それにどうしても注力しなければならないために、肝心の子ども自身への対応は手薄になりがちです。また、保護者の対応が困難なケースに視線を奪われ疲弊する結果、それに比較して保護者対応がそこまで困難でないと感じられるケース、例えば保護者が電話には出るが多忙を理由に面会が延期になることが続いたり、家庭訪問をしても不在が続いたりしているケース等が後回しになりがちです。保護者との面談や子どもの現認が先延ばしにされているケースほど、子どもを主体的に位置づけたケースワークが必要ですが、大人同士の関係性の中で子どもがポケットに落ちてしまいます。

弁護士の積極的活用を

そして、子ども本人が身近な信頼できる大人にSOSを出せることが人権保障に重要であるのと同様に、その子どもを支えている大人自身も、すぐに支援を得られることが重要です。

2016年の児童福祉法改正で、児童相談所に弁護士を配置又はこれに準ずる措

置を行うよう明文で規定されましたが、以前は、児童相談所でも弁護士配置がなく、ましてや市区町村で弁護士がサポートの輪に加わっていないところも多くありました（とある市の子ども家庭支援センターから「弁護士に相談するようなケースは特にありませんので必要性を感じていません」と言われて驚いたこともあります）。

弁護士は未だに敷居の高い存在と一般的に受けとめられており、「法律問題ではないから弁護士に相談する場面ではないと思っていた」「顧問弁護士はいるにはいるが、当該組織の運営上の問題への法的対応が中心で、個々の子どものケースについて担当者から相談には行けない」「ある程度トラブルが大きくなってしまった時点で、はじめてお上にお伺いを立てるように弁護士に相談しに行く」、そのような関係機関の声を耳にすることも多くあります。しかし、例えば体調が優れない時に初期の段階で医療機関を受診すれば治療も長引かずに済むのと同じように、法的問題も初期の段階で弁護士に相談することで、問題が拡大・長期化することなく、日々成長発達する子どもへの影響も最小限にとどめることができます。

私たち弁護士の側も、関係機関に自ら出向き、職員の皆さんと同じ執務室にいるようにするなどして、皆さんにとって身近な存在となるよう務めたり、ケース進行管理の会議等に積極的に参加して、法的視点、特に子どもの人権の観点から助言するよう努めたりする必要があると思っています。

そして皆さんの側も、ぜひ虐待対応にあたって（特に予防や早期発見、初期対応において意識的に）弁護士を積極的に活用し、子どもたちの人権保障に役立てていただきたいと思います。

自治体法務の視点から見た児童虐待問題
自治体内弁護士の立場から

船崎まみ
江戸川区総務部副参事・弁護士

　自治体内弁護士として日々職員からの法律相談を受ける立場から、野田市の虐待死事件の報道に接し、教育委員会、学校、児童相談所、市の所管部署が、被害児童の明確なSOSの訴えに何度も接しながら、その命さえ助けられなかった現実に大きな衝撃を受けた。児童虐待等の関係法令により行政職員には子どもを守る義務と必要な権限が認められており、たとえ組織や制度に改善すべき点があったとしても、予算や人員を有する行政組織において、個々の職員に、法令遵守義務、行政組織の意思決定ルール、不当要求対応等に関する基本的理解と子どもを守るという気概があれば、ここまで最悪の結果は避けられたのではないか。

　そこで、本稿では、自治体内弁護士の立場から、児童虐待事案等を念頭に置き、行政職員が留意すべきリーガルマインド（法的考え方）について述べたい。

なぜ行政職員としてのリーガルマインドが必要なのか

　自治体職員は、公務員としての憲法尊重擁護義務（憲法99条）の他、法律による行政の原理のもと、地方公務員法32条により職務遂行上の法令遵守義務を負う。

　したがって、児童福祉に関わる自治体職員も、憲法の人権保障の視点を念頭に、児童福祉法等直接業務に関わる法令の他、個人情報保護、行政処分への対応等、自ら関わる業務全てについて常に根拠法令を確認し、法令を遵守した対応を行う義務を負う。

　個々の職務遂行において、法令を理解し、その趣旨、内容に適合した法的判断をする思考（リーガルマインド）は行政職員の上記基本的義務から要請されるのである。

特に児童福祉に関わる職員には、個別事案につき現場に携わる職員の専門的裁量的判断の余地が大きいため、子どもの福祉の視点から必要な対応を積極的に行うための法の解釈、判断が求められるといえる。

児童福祉分野におけるリーガルマインドとは

では、児童福祉に関わる行政職員のリーガルマインドの基準となる視点は何か。児童福祉法は、「全て児童は、児童の権利に関する条約の精神にのっとり、適切に養育されること、その生活を保障されること、愛され、保護されること…(中略)…その他の福祉を等しく保障される権利を有する。」とし（同法1条）、これらの原理は、「児童に関する法令の施行にあたって常に尊重されなければならない。」とする（同法3条）。

児童虐待防止法も、児童虐待が子どもの著しい人権侵害行為であるとし（同法1条）、自治体を含む関係機関に子どもの権利を守るための各種義務を定めている。

したがって、児童福祉、特に虐待問題の業務に係る関係法令の解釈運用においては、子どもの権利条約に基づく子どもの福祉保障の権利が基本的視座となる。よって、ここで必要なリーガルマインドは、子どもの権利を守るために必要十分な対応をとることを常に最優先に考え、関係法令に則り必要な判断と対応を行うことである。

リスク管理の視点からの重要な基本的留意点

(1) 子どもの生命、身体等の危険を回避するための情報管理の必要性

虐待案件において子どもの権利を守るには、子どもの生命、身体の安全を確保することが起点となる。

その観点から、行政機関から加害者側に子どもの居場所や被害申告等の情報が洩れることがないよう個人情報の徹底した管理が求められる。

例えば、DV及び児童虐待被害から母子が逃げた事案で、加害者である父親が、母子の探索目的で、子どもの法定代理人として、住民票の交付請求や現住所が記載された学齢簿登載通知等につき個人情報保護条例に基づく自己情報開示請求をすることがある。

これらの場合、住民基本台帳法に基づくDV、児童虐待等被害者への支援措置による住民票の閲覧等拒否制度の他に、各自治体の個人情報保護条例が定める非開示事由がある。同条例は、一般的に、未成年者の法定代理人による自己情報開示請求が未成年者本人の利益に反すると認められる場合を非開示事由としており、虐待事案における未成年者の居所等の情報は、開示により安全を脅かす恐れがあるため非開示事由に該当する。また、同条例は、文書の存在を認めることが、事実上当該未成年者の居所等の非開示情報を開示することになる場合は、文書の存否自体の回答を拒否すべきことも定める。

また、児童虐待防止法7条は、自治体職員等に、虐待通告者を特定する情報の漏洩禁止を定めるところ、特に通告者が被害児童本人である場合、情報管理を含め安全確保の徹底が必要であることは当然である。

野田市事件で被害児童が虐待被害を訴えたアンケート回答は、加害者に開示すれば虐待の激化を誘発する危険が高く、子どもの権利利益を害し、虐待通告元を示す情報でもある。したがって、このアンケートを加害親に渡した市教委の行為は、上記条例及び児童虐待防止法7条等に抵触する重大な法令違反行為であり、子どもを守るべき自治体職員の職責を逸脱した行為である。

DV被害事件等においても、行政機関の情報漏洩による殺傷事件や被害者がシェルターから転居を余儀なくされる等の重大な被害を招いた例があるが、野田市事件でアンケートに係る被害申告の情報を加害者に開示したことが被害児童に悲惨な結果をもたらした一因となったことは否定できないと思われる。自治体職員は、DV、児童虐待案件における情報管理の不徹底が被害者に更に甚大な結果をもたらす危険性があることを十分に自覚し、上記法律、条例の内容を正確に理解・適用し、個人情報の管理を徹底しなければならない。

(2) **不当要求行為への対応**

行政機関に対し、法令を逸脱する要求を継続し、連日自治体に押し掛け長時間の居座り、大声を出す、職員を脅迫する等、行政機関に対する①違法・不当な内容の要求、又は、②社会的相当性を逸脱した手段による要求は、不当要求（行政対象暴力）に該当する。このような不当要求に対しては、行政機関は毅

然と拒否対応をしなければならない。なぜなら、自治体職員は、先述の法令遵守義務を負い、不当な圧力に屈して、法令を逸脱する対応をすることは許されないからである。

　児童虐待等の業務は、一般に被害者に対する強い支配欲、被害者及び支援者等への攻撃性、執拗性、危険性を有する加害者の特質に対し、被害児童の個人情報管理や一時保護に係る行政処分等さまざまな局面で、加害者側からの相当に激しい不当要求に直面するリスクが高い分野である。しかし、ここで加害者側の不当要求に屈することは、子どもの権利を守るという法令の目的に違背し、被害児童に重篤な結果をもたらす危険性が高く絶対に許されないことである。実際、児童虐待の現場に関わる部署は、上記の加害者の特性に鑑み、不当要求行為を想定し、事前に体制を組み対処できるはずである。

　野田市事件の検証では、不適切対応の原因として、学校、教育委員会、児童相談所等の関係機関が加害者である「父親の支配的な関係に巻き込まれて」いた、教育委員会が父親の「威圧的な要求に」「適切に対処できなかった」等と指摘され（児童虐待死の再発を防止する厚生労働省・文部科学省合同プロジェクトチーム「野田市虐待死事案の検証に関する中間とりまとめ」参照）、行政職員が、加害者の不当要求に屈し、被害児童のアンケートを渡す等の上記法令違反行為に至ったことが伺われる。

　この事例のように行政職員が、不当要求に適切に対応できず、子どもの権利保障、保護の対応をおろそかにすることが、被害児童の生命、身体を脅かしその将来に取り返しのつかない損害を与える危険性を常に孕む事実を十分に自覚しなければならない。

　行政職員は、客観的な事実確認に基づき、法令に基づく適正な業務遂行を行ったのであれば、加害者側のいかなる言動にも委縮する必要はない。

　それでも相手方が不当要求を行うのであれば、毅然と拒否し、業務妨害、暴行、脅迫、不退去等刑法犯罪に該当し得る行為があれば、速やかに警察への通報、退去命令、職員・来庁者の安全確保等の対応を行うことである。

　それらの対応を実行するには、日頃から組織として不当要求への対応方法を

5．弁護士の視点から

職員に周知し、体制整備を図っておくことが必要である。職員が安心、安全に子どもを守る職責を果たせる環境整備が、子どもを確実に守ることにもつながるのである。

(3) **行政組織としての適正な意思決定に向けて**

　行政機関の仕事は、組織としての意思決定に基づくものであり、児童福祉に関わる業務では、子どもの権利を守る視点から適正な意思決定を行う必要がある。

　そして、組織としての意思決定の適正性を担保するためには、意思決定に係る手続と内容の両面での適正性を確保する視点が大切である。

　まず、手続面では、自治体の職務権限、公文書管理等に係る内部規程等に基づく、協議、審査等を経た決裁手続、その意思決定過程及び決定内容に係る行政文書の作成、保管、等の所定の手続を履践することである。

　内容面では、意思決定の内容が、調査や証拠等に基づき認定した客観的な事実関係に、適正に法令を解釈・適用して行われ、結論として妥当性があり、かつ、適法性のある判断であることである。

　虐待死亡事件においては、児童相談所の一時保護解除等の判断が適切であったのかが問われる事例も少なくなく、これらの重要な判断においては、医師、弁護士等の専門家の関与や、要保護児童対策協議会の構成機関である学校、児童相談所、自治体関係部署間の協議等も活用し、判断の適正性を担保することも有益である。

　情報公開請求にも耐え得る適正な意思決定手続とその記録化は、組織内部における慎重な判断と公正性と透明性ある行政運営につながる。また、その審議過程で内容面での妥当性、適法性が十分検討され、組織として客観的で適正な判断がなされれば、行政機関の誤った対応による被害リスクを減少できる。

　野田市事件では、援助方針会議の記録が不十分であり、児童相談所が組織としての判断を行った根拠と結果が適切に保管されていない、一時保護の解除等の判断における「児童相談所の調査が不十分」、意思決定の「プロセスにおいてリスクや今後の方針の根拠を確認の上で決定がなされていなかった」等の指

第2章

摘がなされ、上記手続及び内容両面で十分な対応がとられていなかったことが窺われる。

　裁量的判断の余地の大きい福祉の現場でも、個々の職員の主観や経験則に頼るのではなく、十分な事実確認と法令等との整合性という判断根拠を前提とし、手続及び内容面における適正性を確保のうえ組織としての意思決定を慎重に行う必要性がある。特に、子どもの命と権利を守る児童虐待の現場では、組織の判断の誤りが、非常に重篤な結果を子どもに負わせるリスクを常に孕むため、その必要性は十分認識されるべきである。

子どもを守る法知識と気概を支えに

　児童虐待の現場は常に子どもの命を守る重責を抱え、危険や緊迫した現場に向かわねばならず心身の負荷も強く非常に厳しい現場であると思われる。筆者も弁護士としてDV、児童虐待の加害者と直接対峙する事件で、脅迫を伴う相当強い執拗な攻撃的言動を受けた経験が少なくないが、こうした現場こそ、被害者を守るという目的のために、自らの業務が適切な判断と法令上の根拠にあることを支えに粛々と進めることが大切であると考えている。勿論組織として、自分や関係者の安全確保を図りつつ、不当な攻撃に対しては法令に基づき毅然と対処する、一人で判断を抱えず、必要があれば専門家や関係機関とも相談協議する。こうした基本の積み重ねが、職員自身を守り、子どもを守ることにつながるのではないか。

　組織としての仕事も、それを担う個々の行政職員の知識や気概等によって支えられる以上、深刻な虐待の中で行政機関から救いを得る他に手段を持たない子どもたちのために、子どもの権利保障を最優先に法令に基づく適正な対応を進めていただきたいと思う。

警察における児童虐待対策の考え方

河合　潔
前関東管区警察局長

　平成30年中、警察から児童相談所への通告児童数は80,252人[1]、警察における児童虐待事件の検挙件数・検挙人員は1,380件[2][3][4]で、いずれも最多。また、警察による保護児童数（児童相談所長から一時保護委託を受けたものも含む。）は4,571人である。

　警察においても、関係機関との連携を保ちながら、児童の安全確保を最優先とした対応を行ってきた。しかしながら、行政機関が兆しを把握していたにもかかわらず、被虐待児童が死亡する事件が発生し、関係機関相互間の情報共有、連携対応で防止できたのではないかと考えられるものもある。

　本稿では、関係機関との連携を踏まえ、警察における児童虐待対策の考え方について述べる。意見にわたる部分は、現在、過去における私の所属した組織と関わりなく、私見であることをあらかじめお断りする。

警察における児童虐待対策

(1) 児童虐待の警察にとっての意味

　警察法2条において、警察の責務として、「個人の生命、身体及び財産の保護に任じ」と規定されているからといって、児童の安全確保のための権限行使を当然に行うことにならない。しかし、それも家庭内の問題であって、事項ごと対象外だからではない。かつては「法は家庭に入らず（家庭内のもめごとは当事者の話合いにより解決すべきもので公権力が口を出すのは控えるべき）」と言われ、警察としては、家庭内の問題について、民事不介入という観点で、事項として手を引いていたこともあった。現在では、この民事不介入という考え方を克服し、「法律に基づく権限を行使し、あるいは指導等の措置を講ずる」[5]という当たり前の対応をしなければ人の生命及び身体の安全の確保に関

わるという認識が広まり、事項ごと対象ではないという発想にはならないし、警察による不作為が問題であるとしたならば、国家賠償請求訴訟を念頭に置いて考えることにもなる[6]。

一般に、児童虐待対策としては、①発生予防（子育て支援、望まぬ妊娠への対応）、②早期発見・早期対応（関係機関の連携、情報共有）、③虐待を受けた子供の「保護・自立の支援」及び保護者への支援（関係機関の連携、情報共有）に分けて考えることができるが、児童の安全を脅かす事件が報道された時には、なぜ、「早期発見・早期対応」ができなかったのかということに関心が集まる。しかし、目を向けるべきものは、「家族の再統合」の見極めが必要な家庭内の問題でもあることから、警察が専門家でもなく、できることでもない。

その上で、児童の安否についての情報が、警察において一次的に明らかなものがなければ、児童虐待の発生防止について警察は権限執行ができない。そして、児童虐待については、警察の権限行使の契機において、家庭内の問題であることを踏まえ、実態を把握すべく他機関との連携が不可欠ということでもある。

注意しなければならないのは、連携といっても、お互いがお互いの特性を知らないままに、とりわけ、一方が自らの都合優先で相手方の特性に配慮せずに連携を求めると、連携しての施策の成果に期待しながら、結果として実際の成果が期待したほどでないために、連携に失望し関係が従前より悪化しかねないことが予想され、「連携」という用語が、過剰な期待と過度の失望で不信につながることがある[7]。

したがって、「not knowing（「知らない姿勢」又は「無知の姿勢」）」[8]、すなわち、相互に相手を知らないことを前提に、インターフェースの役割を果たす者を設置するなどした上で、お互いができること、やるべきことを知り合うという相互理解をして、相互信頼が成り立った上で、共同対処で進めることが重要となる。

警察における対応と児童相談所との連携

(1) 警察における対応の視点

　児童虐待事案は、認知の段階では軽微な事案に見えても、事態が急展開し、重篤な被害に到る可能性がある。警察においては、児童虐待の疑いのある事案を認知した場合には、警察官が現場に臨場して児童の身体等を直接確認し、児童相談所等関係機関への照会結果等も踏まえて通告の要否を判断するとともに、事案の危険性、緊急性を踏まえ、必要に応じて警察官職務執行法等に基づく権限を適切に行使しながら、児童の安全確保に必要な措置を迅速・的確に講じ、併せて事件化（検挙）すべき事案については厳正な捜査を行うこととしている。

　なお、児童が同居する家庭における配偶者に対する暴力（いわゆる面前DV）については、当該行為そのものが児童に著しい心理的外傷を与える心理的虐待として児童虐待防止法に規定されているほか、配偶者に対する暴力がある家庭においては児童に対しても何らかの危害が加えられている可能性も否定できないことから、警察において面前DVを認知した場合には、確実な通告を図っている。平成31年1月に千葉県野田市において小学4年生の女児が虐待により死亡した事案においても、傷害幇助で起訴された実母は、傷害致死で起訴された夫からDVを受けていたとされ、DVと児童虐待の関連を踏まえた関係機関の対応の必要性が改めて指摘されている。

(2) 児童相談所等と警察の情報共有

　児童虐待の早期発見と被害児童の安全確保のためには、児童相談所等関係機関と警察が児童虐待に関する情報を適切に共有し、緊密に連携して対応することが不可欠である。平成28年4月以降、警察においては、警察の取り扱った児童虐待の疑いのある事案全てについて、児童相談所に通告し、又は児童相談所等関係機関における過去の取扱いの有無を事前照会することで、児童相談所との情報共有を図ることとしてきた。

ア．危険性等の高い情報の確実な共有

　「児童虐待防止対策の強化に向けた緊急総合対策」（平成30年7月20日児童虐待防止対策に関する関係閣僚会議（以下「関係閣僚会議」という。）決定。以

下「30年決定」という。）においては、①虐待による外傷、ネグレクト、性的虐待があると考えられる事案等の情報、②通告受理後、48時間以内に児童相談所や関係機関（警察・学校・病院等）において安全確認ができない事案の情報、③①の虐待に起因した一時保護、施設入所等している事案で、保護等が解除され、家庭復帰する事案の情報については、児童相談所と警察が必ず共有すべきとされ、全国ルールとして徹底することとされた。また、通告受理後48時間以内に児童相談所や関係機関が子供と面会できず、安全確認ができない場合には、立入調査を実施し、必要に応じて警察に援助要請することとされた。

先のとおり、身体的虐待、ネグレクト（怠慢・拒否）、性的虐待に関しては、児童の生命・身体の安全に対する危険性・緊急性が高い事案が含まれ得るものであり、これらの虐待に起因して一時保護等がなされた後に家庭復帰する場合においても、虐待が再発する危険性・緊急性が一時的に高まる可能性がある。また、通告受理後48時間以内に安全確認ができていない事案についても、児童の生命・身体の安全が脅かされている可能性があることから、早急に児童の安全を確認する必要がある。

このため、警察においては、これらの情報が児童相談所から共有された場合には、その危険性・緊急性に応じ関係機関と連携して適切に対応するとともに、立入調査等に関して援助要請が行われた場合には迅速・確実に対応することとしている。

30年決定、「「児童虐待防止対策の強化に向けた緊急総合対策」の更なる徹底・強化について（平成31年2月8日関係閣僚会議決定）」及び「児童虐待防止対策の抜本的強化について（平成31年3月19日関係閣僚会議決定）」においては、児童相談所における警察OBや警察職員の配置の促進が求められているが、これは、先に述べたインターフェースに相当する。配置された警察OB等を要として平素から両機関の連絡・相談を密にすることで、両機関の相互理解を深め、児童の安全確保に向けた円滑な連携を強化することが期待されている[9]。

6．警察の視点から

イ．児童の支援等と虐待の再発防止のための情報共有

　警察においては、児童虐待事件を検挙した場合においても、加害者の処分決定後の児童相談所における児童への支援・保護方針の決定や、虐待の再発防止に向けた加害者に対する指導に資する情報、例えば捜査の過程で判明した加害者の虐待に関連し得る素行や被害児童の家庭環境等については、捜査上の支障、関係者のプライバシーや名誉の保護等に配意しつつ児童相談所に提供するなど、児童相談所等による児童の支援・保護と虐待の再発防止措置に配意した連携を図ることとしている。

児童相談所等と警察との連携における留意点

　警察官職務執行法等に基づく個人の生命・身体等の保護や犯罪の予防に関する警察の権限については、児童虐待対応に特化したものではないことから、適用に当たっては厳格な要件がある。例えば、警察官職務執行法6条に基づく立入は、危害のおそれが具体的かつ切迫している場合に限って可能なものであって、「家庭訪問を拒否された」ことのみを理由として警察官が立入を行うことはできない。また、臨場時の身体等の確認については、あくまで任意の行為であり、保護者が同意しない場合に強制的に警察官が児童の身体を確認することはできない。

　一方、児童相談所は、児童虐待対応のための強力な権限を有しているから、児童虐待事案に係る関係機関の対応連携、「not knowingを踏まえた連携」を行う必要がある。そのため、関係機関が、それぞれの機関の目的・権限やその限界等をよく理解し、お互いの専門性を尊重した上で、児童の安全の確保と虐待の防止のために最も効果的な形で連携していかなければならない。警察においては、児童相談所における立入調査や臨検・捜索に関するロールプレイ方式による合同訓練、臨検・捜索許可状請求事務等に係る研修等にも積極的に協力している。

実効性のある連携体制を

　児童虐待は家庭という「密室」での行為である上、プライバシーや監護権等の観点から行政機関として積極的な対応をとることが困難なケースが存在し、

第 2 章

現場においては、難しい判断を求められることも多いと考えられる。関係機関が責務と役割を十分認識しつつ、児童虐待の防止に向けて実効性のある連携体制を確立し、できる限りの措置を講じていかなければならない。

(1) 統計は平成16年以降。身体的虐待14,836人（18.5％）、性的虐待260人（0.3％）、怠慢・拒否7,722人（9.6％）、心理的虐待57,434人（71.6％）。
(2) 統計は平成15年以降。身体的虐待1,095件（79.3％）、性的虐待226件（16.4％）、怠慢・拒否24件（1.7％）、心理的虐待35件（2.5％））、計1,394人。
(3) 警察が検挙した事件には、警察が認知して児童相談所に通告したもののみではなく、児童相談所等が事案を認知し、警察に情報提供がなされたことにより警察が認知したものも含まれるため、警察から児童相談所への通告児童数と警察による検挙件数とを対比させることは必ずしも適当でない。
(4) 警察が認知し通告する事案のうち、性的虐待や身体的虐待については、虐待行為が監護者性交等や傷害・暴行等犯罪に該当することが多く、かつ、行為の悪質性や児童の安全に関する危険性・切迫性の高いものが含まれるため、通告と並行して捜査を行うことも多い。怠慢・拒否についても、長期間の放置や医療的措置を受けさせないなどの行為により、児童が死亡したり深刻な障害を負ったりした場合など、悪質なもの、結果が重大なものについて、保護責任者遺棄（致死）等として捜査の対象となる場合がある。心理的虐待については、虐待行為自体は犯罪に該当しないものも多いが、包丁等を振りかざしながら児童を威迫するなど児童の心理に深刻な影響を与えるものについては、暴力行為等処罰法違反や脅迫等の犯罪に該当する場合がある。
(5) 田村正博『全訂警察行政法解説（第二版）』東京法令出版、2015年、67頁。
(6) 中川正浩「警察権限不行使をめぐる国家賠償訴訟」『警察学論集』63巻 1 号、2010年。
(7) 拙稿「「犯罪対策」の推進その現状と課題」大沢秀介ら編『社会の安全と法』立花書房、2013年、177－178頁。
(8) 「not knowing」の考え方について、龍島秀広・梶裕二「非行における臨床心理的地域援助―関係機関の連携方策について―」『臨床心理学』 2 巻 2 号、2002年、226－229頁。『中学生を犯罪から守るための多機関連携―学校・児童相談所・警察を中心に―JST研究開発プログラム「犯罪からの子どもの安全」「子どもを犯罪から守るための多機関連携モデルの提唱」プロジェクト公開シンポジウム（第一次）報告書』龍島秀広報告、早稲田大学社会安全政策研究所、2011年、29－30頁参照。
(9) 厚生労働省によれば、平成31年 4 月 1 日現在、全国の児童相談所及び一時保護所で、警察官44人、警察官OB216人の計260人を配置。

7．検察の視点から

検察における児童虐待事件への取組

浦岡修子
東京地方検察庁犯罪被害者支援室長・検事

　検察の使命は、人権を尊重しながら、法と証拠に基づき、適切に捜査・公判を遂行することによって、刑事事件の真相を明らかにし、刑罰法令を適正かつ迅速に実現することを通じ、社会正義を実現して市民生活の基盤である法秩序を守ることである。この使命は不変であるとはいえ、これを実現する捜査・公判の手法や在り方は、時代や社会の変化、犯罪情勢に的確に対応していかなければならない。また、被害者の心情等に配慮し、事件の処分に当たっては再被害・再犯防止の観点からの検討も必要である。近時における児童虐待事件の検挙件数の増加、虐待を受けた児童が死亡するなどの悪質重大な事案が後を絶たない現状への対策は、政府を挙げて取り組むべき重要な課題であるところ、前記使命を担う検察においても喫緊の課題である。
　平成27年10月、最高検察庁は通知を発出し、児童の負担軽減及びその供述の信用性確保の観点から、児童が被害者等となる事件について、検察・警察・児童相談所の担当者が協議した上で、その代表者が聴取を行う取組を始め、関係機関との連携を強化してきた。

児童からの聴取における工夫

　まず、児童の負担軽減及び供述の信用性確保に向けた取組として、全国の地方検察庁は、関係機関との協議を実践し、児童からの聴取については代表者ができるだけ少ない回数で行い、その供述状況を録音・録画して証拠化する方法の事情聴取を実践している。法務省が把握している限りの数値であるが、平成27年10月から同30年9月までの間、児童虐待事件を含め、児童が被害者又は参考人となる事案において、三機関又は二機関で協議を行ってその代表者が児童の聴取を行った件数は、1800件を超えている。

第2章

　検察の捜査は、一般的に犯罪が発生した場合、警察が一次的に捜査を行い、被疑者が特定されて事件が検察に送致された後に開始される場合が多いが、児童虐待事件では、児童の記憶が減退しないうちに聴取を行う必要性が高いことから、児童相談所又は警察が事件を把握した時点（被疑者が必ずしも特定されていない場合も含む）で、早期に検察に連絡し、関係機関が必要な情報を持ち寄って協議を行い、送致前の段階で検察官が聴取を行う例も少なくない。

　同聴取は、公判廷における立証を見越して、検察官が代表者として行う場合が多く、検察官が聴取した事例では、通常、録音・録画を実施しており、児童の知的レベルや言語能力等を勘案して、供述調書を作成しない場合も多い。そして、代表者が聴取をする場合、関係機関の他の担当者は、別室において、聴取の状況を同時に視聴し、無線や電話を利用する方法で、代表者に助言や意見を伝えることができるシステムとなっており、検察官が、児童相談所の臨床心理士から、児童の特性に応じた助言を受けながら、聴取を続けるか否かを判断するなど、各機関の専門性を活かした連携を行っている。

再被害を防ぐ

　次に、再被害を防止し、児童の安全を確保するという観点からの取組として、児童虐待事件の捜査・公判活動を担当する検察官は、関係者の名誉・プライバシーや今後の捜査・公判への影響等を勘案した上、必要に応じ、児童相談所に対し、事案の概要や捜査・公判の経緯、不起訴処分理由や判決の要旨などの情報を提供してきた。また、児童虐待事件では、被害児童の一時保護解除後や加害者の釈放後に被害者と加害者が再び同居する場合が多く、再被害のおそれが類型的に高いことから、刑事処分前や判決前などに、関係機関が集まってカンファレンスを行うなどの方法により、児童の保護や加害者の指導の方向性を具体的に検討するため、その時点において各機関が有する情報を共有している例もある。このような取組を更に推進するため、最高検察庁は、平成30年7月、代表者聴取後においても、適正な刑罰権行使及び再被害の防止の観点から必要かつ相当と認められる情報を、警察及び児童相談所に提供するとともに、必要な情報を入手するなど情報共有を図る内容の通知を発出した。なお、警察庁及

び厚生労働省においても、同趣旨の通知を発出している。

　このように、児童虐待事件においては、検察が早期から主体的に関与して適切な指揮をとり、関係機関と連携して事案の解明・被疑者の処分に当たることが必須である上、代表者聴取は、検察官により行われることが多いことから、検察官には児童虐待事案に対する十分な素養が求められる。そこで、最高検察庁は、法務省と連携しつつ、児童虐待事件に適正に対処するために必要な専門的知識や技術等の習得を図るため、児童虐待事件の捜査・公判を担当する検察官を集めた研修を実施するなど、児童虐待事件に対処するための人材を養成する取組を行っている。幼い児童からの聴取であることや、性虐待の事案も少なくないことから、これまでは、女性の検察官が担い手となることが多かったが、被害児童が男児である場合もあり、件数も増加していることなどから、男性検察官にもその素養を身につけさせている。

東京地方検察庁における取組

　以上のように検察全体として児童虐待事件への取組を実践しているところ、東京地方検察庁においては、犯罪被害者支援室が平成26年に設置され、事例検討会、研修、学会等を通じ、常日頃から、警察、児童相談所、医療機関等の関係機関との連携協力関係強化を図っており、捜査・公判に係る児童虐待事件につき、担当検察官や社会復帰支援室（再犯防止の観点から加害者の支援策を検討する部署）らと協議して再被害・再犯防止策を検討し、必要な支援を実施できるよう努めている。

　不起訴となり被疑者が釈放される場合はもちろんのこと、起訴した事件においても、被告人が保釈されることが多い近時においては、当庁カンファレンスに、警察や児童相談所だけでなく、日々児童に接している学校や保育園等にも参加を依頼するケースもあり、被疑者が釈放された後の児童のSOSを見逃さない体制作りに努めている。当庁管内においては、令和2年から特別区にも児童相談所が随時設置されることから、特別区の研修において、当庁検事が検察の手続の在り方や取組を説明するとともに、研修員としてもこれに参加し、また、医療機関の虐待防止委員会（CAPS）に定期的に参加するなどして関係機関と

第2章

更なる連携強化を図っている。

　このように、検察では、児童虐待事件への取組を進めてきたところであるが、依然としてその対策は喫緊の課題であり、地域の実情に応じながらも、ベスト・プラクティスを検察庁間で広げていくことが望まれる。また、再被害防止の観点から、刑事処分後の環境整備にも配意した連携の深化を模索するなど、更に検討・推進すべき事柄もある。

　そのような問題意識から、児童虐待等をテーマに、全国の検察官が集まる会議や研修を開催し、代表者聴取の方法や、関係機関との連携の在り方などについて、知見を共有し、意見交換を行っているところである。各地域によって、関係機関との連携の実情は異なるが、まずは相互にその役割を理解することが重要であり、当庁は、今後も各機関からの説明依頼等に積極的に対応していく所存である。

子ども達の今と未来のために

　児童虐待は、児童の人権を著しく侵害し、その心身の成長と人格の形成に重大な影響を与える。児童という本来守られるべき存在が虐待を受けたのであれば、二度と同じことが繰り返されないよう、当然に適切な対応を受けられる社会を目指さなければならない。

　カンファレンス等で各機関の担当者と会うと、皆が、児童が当然に享受すべき安心できる環境で成長していけることを何とか実現したいと願っていることを痛感する。本職も検察官として、その職責で実現できることを徹底し、子ども達の今と未来のために、引き続き、警察、児童相談所等の関係機関と連携しつつ、全力を挙げて児童虐待事件に取り組んでいきたい。

第3章

ジャーナリスト・自治体トップの視点から

第3章

児童福祉に関わる自治体職員へ
「子ども現場を見てきて」

坂根真理
毎日新聞記者

　旅先で神社やお寺に立ち寄ると、神様に「世界中から虐待を受ける子どもがいなくなりますように。家族が救われますように」とお願いすることにしている。虐待がなくなるのであれば、いるかどうかも分からない神様にだってすがりつきたい。

　子どもにとって家庭は生きる基盤で、世界そのものだ。その世界の中で、子どもたちは殺され、暴言で傷つけられ、放置されてやせ衰え、性的被害に遭っている。虐待の事件が報じられると、ひとしきり「親」や「児童相談所」への非難が集中するが、やがて世間の関心は移ろってしまう。

　その繰り返しに終止符を打ちたい。そんな思いで、虐待を受けた子どもの声をたくさん拾い集め、子どもが考える「あったら良かった支援」や「周囲の大人にして欲しかったこと」を探った。

　DV家庭で育った子どもたちの声や実態をまとめた連載「消えない傷」（毎日新聞朝刊くらしナビ面で2017年4月〜2018年11月に随時掲載）をスタートしたところ、たくさんの手紙やメールが国内外から届き、反響の大きさに驚いた。そのどれもが、かつて虐待を受けて育った子どもたちからだった。どの言葉も、今も重く心に響き続ける。

　一体、家族に何が起きているのか。どうすれば子どもを救えるのか。虐待は遠いものではなく、すぐそこにある。もう、誰一人傷ついてほしくない。

　取材で出会った子どもたちの声をここで一部紹介し、子どもたちの言葉から「虐待をなくすために大人ができること」を伝えたい。どのような支援や関わりを子どもが求めているのか、子どもの声をじっくり聞いて欲しい。

　神様に頼まなくても、虐待をこの世からなくせるはずだ。虐待に遭う子ども

たちと接する機会がある皆さんの情熱と行動こそが、子どもの命や未来を救う。子どものSOS、家族のSOSが見過ごされない日の到来を待ち望む。

「刑務所に入るしかない」

　ピンク色の可愛らしい封筒が会社に届いた。可愛らしさとは裏腹に、3枚にわたって綴られた手紙は強い筆圧でこう書かれていた。「日本では言葉の暴力が罪になりません。刑法を改正しないといけません。そうでないと、私のような元非行少女は生み出されてしまうでしょう」。

　手紙をくれた40代の女性は一人っ子で、不仲な両親のもとで育った。激しい夫婦げんかを幼少期から見て過ごしただけでなく、父から命の危険を感じるほどの暴行を受けたこともある。自ら119番通報をして、救急車で病院に運ばれ一命を取り留めたこともあったというから驚きだ。

　暴力で支配された家庭から逃れる術を知らなかった女性は、高校1年生の時に「捕まって女子少年院で暮らそう」と決断し、万引きなどの非行を重ねた。家庭裁判所は「このまま放置すると何をしでかすか分からない」と判断し、女性は群馬県にある「榛名女子学園」に入った。手紙には「一年弱安心して塀の中で生活をしました。私はシェルターとか知らなかった」「父に殴られてもおまわりさんは、立件してくれず、『けいさつ』も『母』も『児童相談所』も助けてくれない！」と綴ってあった。

　暴力がいかに子供の人生を狂わせるのかを知ってもらおうと、女性は記者（私）に切実な思いを訴えた。虐待から逃れるために、刑務所に入るしかないと思い詰める子どもが日本にいたことに大きな衝撃を受けた。女性は「子どもが自ら逃げ出せる場所があれば救われた」と話す。

　この女性に限らず、「公式に家出ができる場所が欲しかった」という声をたくさん聞いた。安心できる「居場所」。いざという時に駆け込める「居場所」。誰かが守ってくれる「居場所」。そんな居場所が地域に一つでもあれば、女性は刑務所に入ることもなく、違う人生を歩んでいたのではないだろうか。

欲しかったのは「居場所」と教育

　もう一人紹介したい。男子大学生のM君は、父が母に暴力をふるう姿を幼少

第3章

期から見て育った。「(母の)頭上からお酒や水をかけ続ける」。「パート勤務で月5～6万円しか稼ぎがない母に『新車が欲しいから』と言って大金を短時間で用意することを強要する」。「『養ってもらっているのにすみませんでした』と言わせる」。

小学生から中学生になったM君が目撃した夫婦間のDVの場面は枚挙にいとまがない。ある日のこと。父が母に「そのひもで首でも縛っておけ」と命じたとき、本当に首を括って自殺を図ろうとしたという。別の日、激怒した父が、鬼の形相で執拗にM君を追いかけてきた。「殺されるかもしれない」という恐怖に身震いがした。

彼に、どのような支援があったら良かったかを聞いたとき、思いがけない言葉が返ってきた。「私は虐待児童やDV家庭の子供に対する教育の保障をしていただきたい。教育資金の貸与というよりは、勉強ができる環境をひとつ用意していただくだけで被害者の子どもの未来は拓けると考えている。子どもは家に帰れば、落ち着いて勉強できないことがしばしばある。夜遅くまで開放された勉強スペースがあれば、落ち着いて勉強ができる。最近話題のこども食堂も併設すれば、家に帰ってごはんがないという状況もなくせる」。

親族に助けを求めてもなだめられるだけ。友人に闇の深い家庭の話をしてもドン引きされるだけ。子どもはどんどん思い詰めて、どこにも居場所はないと自暴自棄になる。「ここにいていいよ」という場所があるだけで、救われるというのだ。

もう一つ彼が望んでいたのは、DVについての教育を受けることだった。「DVについての理解が深まれば、抑止力にもなる。理解があれば、親に適切な助言もできる」。家庭で何が起きているのか、なぜ父が母に暴力をふるうのかを知る機会があれば、家族を違う視点で捉えることができると、彼は考える。

虐待をする親の多くは、さまざまな悩みを抱えて苦しんでいる。子どもだけでなく、親を丸ごと支援できる仕組みが必要だ。感情をコントロールできない親がいたとすれば、感情をコントロールできるようになるためのプログラムの受講を義務づけるような仕組みがあれば、家族ごと救われるに違いない。

彼は言う。「虐待をする多くの人々は、どこかで何かに躓き、虐待などの不適切な育て方をしてしまう。暴力や虐待は決して許される行為ではありませんが、本人もどうしたらいいか、苦しんでいると思う。加害者だと突き放すのではなく、幸せな暮らしへと歩めるように、助けてあげて下さい」。

面前DVが落とす影

　最後に紹介したいかつての子どもは、現在は刑務所で暮らしている。罪名は殺人だ。体を殴られたことも、育児放棄されたこともなく、両親から可愛がられて育った。ただ違ったのは、両親の壮絶な夫婦げんかが日常茶飯事にあったことだけ。心理的虐待「面前DV」は軽視されがちだが、彼は「面前DV」によって心をボコボコに殴られ、家にいた父親を殺めるという悲惨な結末を迎えることになった。彼の家に、児童相談所の職員や警察がやって来たことは1度もない。

　事件が起きたのは、2015年。当時19歳だった元少年は、自宅にいた父親の胸や背中をナイフで多数回刺し失血死させた。弁護側によると、少年は幼少期から毎日のように両親の激しい夫婦げんかを見て育った。石油ストーブを投げたり、両親が跳び蹴りしたりする姿を物陰からおびえた様子で見続けたという。元少年が中学3年の時に母親が家出し、姉と父親との3人暮らしになった。父親は毎日のように酒を飲み、夜中にDVDを大音量で流すようになった。

　公判で弁護側の証人尋問として出廷した元少年の姉は「弟は将来を悲観して自殺未遂をして入院したこともある」と証言。だが、入院先の病院から児童相談所に虐待通告はなく、心のSOSは見逃された。事件を起こす数カ月前、元少年が興奮した様子で父親に馬乗りになり、「俺を殺せ」といって自分の首に包丁をあてたこともあった。

　この頃から「父親のせいで勉強ができない。自分の人生にとって邪魔だ」と思うようになり、父親を殺す空想をすることで苛立ちを抑えるようになったという。そして、事件が起きた。弁護側は「面前DVの影響による犯行だ」と減刑を求めたが、元少年には懲役8年の実刑が下った。

　その元少年と手紙の交流を続けて、もう1年がたつ。これまで10通近く手紙

第3章

をやり取りしてきた。

　判決直後の2018年2月の手紙には、こう書かれていた。「自分が面前DVという虐待を受けていたことを裁判で初めて知った。ケンカをやめるように言っても仕方のない環境下に常にいたことで、人に止めてと言えない人格が形成された。自分の存在を肯定できなくなった。感情を持つことが恐怖に変わったなどの様々な問題がおきた」。「裁判は異常な体験だった。話を聞いてくれて、一緒に考えたり悩んだりしてくれる弁護士や医師たち。自分の言うことを素直に信じて聞いてくれるなんてと衝撃を受けた。社会の人に守られているという感覚を生まれて初めて裁判で体験した」。

　この裁判の証拠として提出された弁護側と検察側の精神鑑定書を読んだ。双方共に、生育歴と事件の因果関係を明示していた。だが、元少年が控訴をしなかったため、重い量刑が確定した。元少年は公判の最後に「全てを受け入れる。全ての人に感謝する」と話したという。元少年を弁護した弁護士は「司法の世界に絶望した」と語っていた。

　なぜ元少年がこうした事件を起こしたのかという背景は、今後さらに検証が必要だと感じている。面前DVに遭っている子どもたちの多くに、今も何ら支援の手が届いていない。

　最近の手紙で、彼はこう綴っていた。「子どもは家族によって育てられるのが最善だという通念は改めるべき。崩壊した家庭が身近にあったが、DVや虐待についての正しい知識や情報に触れる機会がなかった。そうした情報があったら救われる子どもは多い。学ぶ機会を教育の場に作ってほしい。少なくとも、当時の僕自身はそれを必要としていた」。

1．ジャーナリストの視点から

支援者に求められていること

杉山　春
ルポライター

　これまで、3つの児童虐待死事件について、ルポルタージュを書いてきた。その中で、私が繰り返し感じてきた疑問は、なぜ、子どもを亡くしてしまった親たちは、行政にSOSを出さなかったのかということだ。
　2000年に児童虐待防止法が施行されて以来、多様な虐待防止の施策が展開されてきた。それにもかかわらず、事件の親たちは、子どもの命を助けるために、行政に繋がろうとしなかった。それは、報道されてきたように、親たちが極悪な存在だからだろうか。
　一般的に考えて、人は何か困ったことや、辛いことに出合った時、その事実を観察し、調べ、理解し、言語化する。続いて、それを解消するためにどのような社会資源があるかを調べ、アクセスする。
　あるいは、行政で行われている健診などに子どもを連れて行き、そこで課題が指摘された時、専門職の職員に相談し、その助言に従って、医療機関や支援機関を訪れ、医師や専門家に相談し、その判断を受け入れ、治療を受ける。あるいは、自分でも、その課題について調べてみて、行政とは違う支援を選択するかもしれない。
　いずれにしても専門性を信頼し、解決策を探すだろう。それが、助けを求めるということだ。
　助けを求めるには、主体的に課題に関わろうとする力が必要だ。行政の仕組みもそうした市民の動きを前提に構築されているのではないか。
　だが、子どもを「虐待死」させた親たちは、それができなかった。そうした市民としての主体性を喪失している。それはなぜなのだろう。

第3章

追いつめられた親たち

　それぞれの事件の親たちが、行政とどのような関係にあったのか、書き出してみる。

　2000年に愛知県武豊町で起きた、3歳の女児を段ボール箱の中に入れて餓死させた事件（『ネグレクト　真奈ちゃんはなぜ死んだか』小学館文庫、2004年）。21歳の両親は、父親は高卒の、職場では評価されているサラリーマン。妻は中卒の専業主婦だった。手取り13万円で、社宅に移ったその日に、父親は、生後10カ月の娘を激しく揺さぶって硬膜下血腫などを引き起こした。母親は、娘の入院手術に献身的に付き添っている。その後、地域の保健センターは1歳半健診で女児の発達遅れに気づいたが、担当の保健師が遊びの教室に誘いに来ると、母親は子どもを隠した。母親は、このとき保健師が、支援に来ていると理解していなかった。チェックされているという気持ちが強かった。

　2010年に、大阪市西区の風俗店の寮だったマンションの一室で、23歳の母親は、3歳の女児と1歳の男児を50日間放置して亡くした（『ルポ虐待　大阪二児置き去り死事件』ちくま新書、2013年）。専業主婦時代には、住んでいた町が持っていた育児支援のためのプログラムは全て使っていた。だが、浮気が理由で長女が満2歳、長男が生後7カ月の時に離婚をすると、その後、児童福祉手当も含めて行政の支援は受けなかった。離婚後、名古屋市内にいた当時、一度だけ、市の児童福祉の部門に子どもを預かってほしいと電話をしたが、時間が合わず、翌日の折り返しの電話には答えなかった。

　2014年に神奈川県厚木市内で発覚した、トラック運転手の父親が28歳の時に5歳の息子を亡くし、その後7年9カ月、アパートに遺体を放置した事件。（『児童虐待から考える　社会は家族に何を強いてきたか』朝日新聞出版、2017年）。法廷では、このトラック運転手の知的レベルがグレーゾーンの域にあったことがあきらかになった。息子が3歳の時に妻が家を出て行ったが、経済的に親に迷惑をかけたという思いがあり、妻が出て行ったことを実家には話さず、会社にも告げなかった。2年間、水道ガス電気のライフラインが全て止まり、ゴミ屋敷状態の真っ暗闇の部屋で、息子にコンビニで買ったおにぎりと調理パ

ン、500ミリリットルの飲み物を与えるのみで、子どもを死なせた。妻が出て行った後事件が発覚するまで、会社側の求めどおりに働き、残業もこなし、社員の20パーセントしか得られないという、Aランクの評価を受けていた。シングルの親が3歳から5歳の子どもを育てるのに、時短もせずに、むしろ高い評価を受けるということは不自然だ。彼は、児童相談所の存在を知らなかった、知っていたら子どもを預けたと語っている。

どの親たちも困窮のなかで追い詰められている。それにもかかわらず、誰にもその困難な現状を説明しない。状況を客観的に理解する力、説明する力さえ乏しかったのではないかと推察できる。そして、行政からは身を隠そうとした。一方、社会の一員であり続けるための努力は続けた。その挙句、力尽きたように見えた。

子育てを知らず、子を育てられるか

亡くなっていった子どもたちから見れば、身に起きた残虐さは直視に耐えない。だが、こうした取材のなかで、私は、この極度の残虐さは、むしろ親の無力さの表れなのではないかと思うようになった。

無力さと考える理由の一つは、親自身が自分がうまく子育てができていないことに気がついていないという場合があるからだ。

厚木事件の父親は、知的なハンディキャップがあった。さらに、幼い時に、精神疾患を抱えた母親に育てられていた。そうした特質のせいなのか、記憶力が極端に曖昧だった。私が拘置所で面会をした時、一番幼い時の記憶は何歳かと尋ねてみた。彼は「12歳だ」と答えた。さらに、幼い時に食事をきちんと与えられていたかと尋ねてみた。すると、「記憶はない」という。記憶を持てるようになったのは、母親が措置入院をして祖母が家に手伝いにくるようになってからで、その後は、1日に三度食事をしていた記憶があるという。

私たちは、子育てを自分の記憶に頼って行う。親からしてもらったことを子育てだと信じている。記憶がないということは、子育てモデルを持たないということで、大きなハンディキャップになる。

困難な生育歴を持ち、子育てそのものを知らないということでは、武豊町で

子育てをしていた両親も同じだ。両親は、生後10カ月で硬膜下血腫の手術を受けた娘について、発達の遅れがあるかもしれないと医師から告げられていたが、その時、その意味を十分に理解できていなかった。1歳半健診には、夫婦揃って出かけている。この時点では2人は、子育てに積極的だったのだ。だが、そこで、周囲の子どもたちと比較して、初めて自分の子どもの発達が遅れていることに気づく。父親は「恥ずかしかった」と語り、以後、娘の生育に対しての関心を失った。

親の自己肯定が不可欠

　病院側が親たちの理解力を把握した上で、発達の遅れの説明がなされていたのかどうか。さらに、父親の無関心が、母親を追い詰めていく。母親は、自尊心の低下を起こし、布団の訪問販売の手口に引っかかり、多額の借金をする。買い物依存を引き起こす。依存症とは、これ以上対処できない状況、生き延びるための手段だ。この母親は、精神状態が悪化していない時期には、布団の訪問販売を断ることはできている。メンタルヘルスが悪化をした時に、正常な判断ができなくなる。そして、未払いの借金のために裁判所から呼び出しが来た後、子育て意欲を低下させて、子どもを餓死させた。

　大阪事件の母親は、専業主婦だった時には、行政が提供する育児支援プログラムに全部参加していた。つまり、行政から支援を受けられることは知っていた。だが、浮気が理由でシングルマザーになってからは、月に6万円を超える児童手当や児童扶養手当の取得の手続きさえ途中で放棄している。この母親は自分への自信を失った時、行政から身を隠していくのだ。

　私が取材した他の事件の親たちも、「認められている」と感じ、自己肯定できている時には、子育てに積極的に関わっている。だが、それができなくなった時、育児放棄を起こす、あるいは子どもを思い通りに動かして、状況を変えようとした。

　このことから理解できるのは、支援者に必要なことは、当事者の課題点を断罪するだけでは解決はしないということではないか。状況が悪化した時に、お前は、ダメなやつだと断じることは、相手をさらに追い詰める。

家族規範という軛

　目黒区、野田市で起きた事件について、報道をもとに言えば、親たちは、子育てが間違っていると行政側から指摘された時、そのことが受け入れらない。支援を受けていた地域から、逃げ出していく。それは、私が取材した事件の親たちが、うまく生きられない自分、ひいてはわが子を隠そうとすることに似ている。3つの事件の親たちはその結果、育児放棄をした。目黒区や野田市の事件の父親たちは、子どもを自分の思う通りの形に加工しようとして、殺してしまった。だが、父親たちは最初から、我が子を殺したいと思っていたのだろうか。

　これらの事件に共通するものは何か。それは、どんなに不器用であっても、どんなに適切に育てられなくても、子育ては親が全責任を負わなければならないという家族規範ではないか。親たちも強い家族規範を内面化している。ダメな自分を認めること。それはとても強い痛みを伴うものだ。こうであらねばならないという規範の縛りが強ければ強いほど、そこに行き着けない時、それは恥ずかしさとなって、私たちを襲う。恥ずかしさ、恥辱、スティグマに苦しむ人たちの逃げ出す力、暴力的に敵対してくる力は、この上もなく強いものだ。

　一方、多様化した家族が、子育てを自分たちだけで担うことは難しい現状が広がっている。それは彼らの責任ではなく、社会状況の大きな変化が背景にある。子育てにはお金と時間が必要だが、それが十分に与えられていない人たちがいる。

　厚木事件の父親は、トラック運転手という長時間労働が前提の職場で、正社員であることに強くこだわっていた。そうでなければ、収入が下がってしまうからだ。目黒区の父親や、野田市の父親の雇用が不安定であることはもっと注目されていい。彼らは職場では従順だった。彼らのアイデンティティは、もはや仕事では支えられない。だからこそ、自分の認識での「あるべき家族像」を作り出そうとする。自分自身を支えるアイデンティティを否定された時、爆発する暴力の激しさを私たちは目撃したのではないか。

　子どもの命を守るために、親たちの爆発する暴力に対峙して国家権力を行使

することは必要だ。必要に応じて、国家権力は児童相談所や、警察権力を通じて適切に行使される必要がある。

　だが、一時的な介入だけでは、子どもの育ちを保証しきれない。だからこそ今、虐待予防の道筋、地域での子育てを可能にする方途が模索されている。具体的には、市区町村子ども家庭総合支援拠点の設置が進む。地域支援では、親との継続的な関わりが不可欠になる。

　2016年に改正された児童福祉法では、子どもが権利の主体であることが明記されたが、地域で長期にわたる支援を実現するためには、親が健康にアイデンティティを保つための支援が必要なのではないか。親の目からは自分たちは、どのように映っているのか。関係性を作るためには、何が必要なのか。高い専門性が必要になる。

　そのためには支援する側もまた、家族規範からの脱出が求められるのではないか。支援者自身が自分たちが暮らしている時代性や地域への理解、自分の抱えるスティグマに敏感になることが求められるのではないか。

虐待死事件からの学びと覚悟

永松　悟
杵築市長

児童相談所での経験～「救出」と「予防」

　現在、大分県杵築市の市長ですが、前職は大分県職員です。福祉・医療分野が長く、30代後半には児童相談所（以下「児相」）に児童福祉司として勤務しました。

　障害のある子どもと家族の支援を担当し、家庭訪問や保育所・幼稚園・療育機関・学校との連携、障がい児施設等への訪問調査が主な業務でした。

　それ以降は、主に県庁で障害福祉や地域福祉・地域保健、医療政策などに携わっていましたが、平成22年度（2010）に「こども・女性相談支援センター」（児相と女性相談所の複合施設）の管理者として再び児童福祉部門に戻りました。

　驚いたのは、どの自治体職場でも厳しい職員定数の削減が続く中、児相の職員数は2割増員されており、しかもそれでも足りないことでした。加速度的に増える虐待件数と対応困難事例の多さに現場が追いつきません。当時、児相所長の経験のある精神科医をお訪ねしたときに「家庭の底が抜けた」と話されました。いつもパワフルで前向きな先生の言葉だけに、強く印象に残っています。

　虐待は命に関わるため、職員は時間との戦いです。まるで川で溺れる大勢の子どもを救う救助隊員のように、家庭や学校への訪問、警察や養護施設、里親との連携・調整など、緊急の仕事で精一杯で、そもそも上流で何が起こっているのか、子どもが川に落ちない方策はないかなど、考える余裕はありません。

　本来、児相の仕事は一人ひとりの子どもに寄り添い、親の話を聴き、同意を得ながら関係する専門機関と協働して、家庭が健全な姿を取り戻せるよう支援することだと考えます。と同時に、個別の事案について医療機関や学校、警察、

第３章

家裁などと共同で検証した成果を掲載する「研究紀要」の発行や、公開シンポジウムなどの開催を通じて得たエビデンスに基づき、虐待予防の重要性を広く住民の皆さんに訴えていくことも、第一線機関として大切な役割であると思います。

しかし、家庭と地域の力が低下する中、児相が下流での「救出」と上流での「予防」の両方を担当することは、制度的にも体制的にも困難なことでした。

虐待死事件の発生と大分県の対応

(1)　４歳児の虐待死

翌年、福祉保健部長に異動しましたが、11月に県内の別府市で４才の男児が実母から頭を殴られ死亡し、母親が自首し逮捕される事件が起きました。

子どもには頭の傷のほか全身にアザがあり、頭から背中に熱湯をかけられた火傷の跡と、タバコの火を押しつけられた跡が全身に確認され、体重は10kgと４歳男児の平均の６割ほどでした。

事件の半年前の５月に、住民から市役所に「子どもが家の外に出され泣いている」との通報があり、児童福祉部門の２人の市職員が訪問しています。男児に会って、明るい表情だったので虐待と判断せず、母親に「何かあったら連絡を」と伝えました。その後、８月には転居（市内）して、連絡がなかったため、事件発生まで担当部門はフォローせず、児相もケースを知りませんでした。

(2)　検証報告書

事件を受けて、県では社会福祉審議会の児童福祉専門分科会において検証を行いました。報告書によると、転居後の８月以降に虐待がエスカレートしています。

また、本事例は市の生活保護部門の訪問ケースであり、母子保健部門でもフォローし、転居先も把握できていたものの、虐待通告の情報自体が庁内で共有されていませんでした。

さらに、児童福祉部門での虐待に関する専門知識を持つ職員の不足、要保護児童対策地域協議会（以下「要対協」）が活用されていないこと等が、指摘されています。

児相に対する再発防止に向けた提言としては、市町村の人材育成・体制強化のために、演習形式による専門的な研修や実務研修等の実施、児童相談窓口担当者の実習生としての研修受入れ等、支援機能を発揮する必要があるとしています。

(3) 福祉保健部の具体的取組み

児相を所管する福祉保健部では、すぐに県内2カ所の児相の全職員に、「どうすれば防げたか」「どういう仕組みが必要か」について意見を募りました。最前線の意見が最優先です。

部内の児童・母子保健・医療・障害・地域福祉・生活困窮の担当課や各保健所にも意見を求め、以下3点の再発防止策をまとめました。

①市町村と児相との『共同管理台帳』の作成

大切なのは「情報の共有」です。市町村と児相が別々に作成していた要保護児童等の台帳の様式を統一し、緊急度がわかるように、協議の上、訪問頻度を4ランクに分類し、ケースの進行状況を双方で共同管理できるよう改善しました。

②要対協の実務者会議の強化

市町村の要対協の実務者会議を毎月開催し、市町村職員が保護者の説明を鵜呑みにするのを防ぐなど、会議の質を担保するために児相からSV（スーパーバイザー）と地区担当を派遣し支援することにしました。また、保護者に威圧され事実確認ができないこともあることから、連携のため警察署の出席をお願いしました。

③相談支援技術向上のための研修強化

児相の持つ相談支援の専門性を市町村に伝えるため、児相と市町村との交流人事や児相主催の市町村担当者研修会の計画的実施を決めました。

虐待死をなくすには、首長の覚悟が重要です。知事と県内全市町村長が出席する「トップセミナー」を開催し、これらの再発防止策について了承をいただきました。

第3章

杵築市の具体的取組み

(1) 「子育て世代包括支援センター」の開設

　市長に就任して最初に取り組んだのは、児童福祉部門と母子保健部門の連携強化です。妊娠期から子育て世代までの相談にワンストップで対応し、切れ目のない支援をするため、別々の庁舎にあった児童福祉と母子保健の相談部門を一つにまとめ、県内初となる「子育て世代包括支援センター」を開設しました。妊娠期の全数アセスメントや支援プランの策定、乳幼児家庭全戸訪問を実施しています。ハイリスク児者を早期に発見し、すぐに児童福祉施策に繋げられるため、虐待の発生防止に大きな役割を果たしています。

(2) 教育委員会との情報共有

　次に、児童福祉部門と教育委員会の連携を密にしようと、庁舎1階にある「子ども子育て支援課」を教育委員会のフロアである2階に移しました。それも「学校教育課」の隣に。ワンフロアなので日々、お互いの仕事の内容と大変さがわかり、特に虐待リスクの捉え方や児童福祉法上の各制度などについて、先生方に直接伝えることができ、上手く相談・連携ができています。保護者にも好評です。

(3) 農福連携

　これは、児相が抱える大きな課題の一つである「児童養護施設の子どもたちの自立・就労」と第一次産業が中心の自治体が抱える難題である「農業の担い手確保」の同時解決にチャレンジしている事業です。全国で初めての取組みです。

　耕作されない農地は増え続け、機械・設備もあり、何よりも経験豊富で丁寧に教えてくれる高齢者がたくさんいます。4年目の現在、県内の施設の中学生と高校生、約50名が市内14事業所で農業を体験しています。進路を普通科高校から農業高校に変更したり、県立の農業大学校に進学した生徒もいます。

　児相では、都会で就職しても続かず、生活困窮に陥る例を多く見てきました。彼らの長い人生の門出での「つまずき」を何とか防ぎたいと思います。

2．自治体トップの視点から

子どもの生命に関わる自治体職員へ

保坂展人
世田谷区長

　東京都世田谷区は、2020年4月1日に児童相談所を設置します。すでに、106名の職員体制で区の児童相談所を準備すべく、開設に向けて大詰めの段階にあります。本書で、自治体職員の皆さんに東京・23区初の児童相談所についてお伝えする前に、どうしても、私個人の経験をお伝えしたいと思います。

　私は、1996年から2009年にかけて衆議院議員を3期つとめました。この間、私自身の最重要政策が「子どもといのち」でした。中でも、「児童虐待防止法」の制定には、ひとかたならぬ力を入れてきました。現在は世田谷区長として、関連法令の下で、児童虐待防止対策を進める責任者をつとめていることにも、何かの宿命を感じます。

児童虐待防止法ができるまで

　2000年5月11日、衆議院青少年特別委員会は議員立法である「児童虐待防止法」を全会一致で可決しました。私は、それまで日本社会で正面から取り上げられることの少なかった「児童虐待」に向き合い、超党派の議員立法としてまとめあげるべく、国会内を奔走してきたのです。

　一気呵成に立法が進んだのは「衆議院の解散直前」という特別な状況がありました。約40日前の4月2日、小渕恵三総理大臣が突然倒れて緊急入院し、意識が戻らないままに退陣、森喜朗内閣に引き継がれます。この時、政界は「間違いなく、解散・総選挙がある」と流動化します。

　1996年11月の総選挙から3年4カ月の時間が過ぎていたこともあり、任期満了まで残すところ半年余りとなっていたからです。この特別な状況が、児童虐待防止法を超党派でまとめあげる推進力となりました。

　児童虐待防止法は衆議院本会議で5月12日に通過、17日の参議院本会議で成

111

第3章

立しています。小渕元総理は、その合間の5月14日に亡くなりました。誰もが予想した通りに、6月2日には衆議院は解散し、6月25日に総選挙が行われました。まさに、ぎりぎりの綱渡りだったのです。

児童虐待防止法は、1999年3月に衆議院に青少年特別委員会が設置されたことから議論が始まりました。私も委員のひとりで、「児童虐待」を集中的に扱おうと問題提起し、児童養護施設の関係者を国会に参考人として呼んで現状を聞くなどの議論を積み上げてきました。この年の11月には「児童虐待防止に関する決議」をして、早急な取り組みが必要なことを確認してきました。

そして、衆議院解散が迫ってきた時に各党の委員が共通して、これまでの議論を生かして議員立法でまとめあげたいという合意が生まれたのです。党利党略が渦巻く現在の永田町では想像しにくいかもしれませんが、直面する選挙を意識しながらも、超党派でまとめあげることに与野党ともに相当の時間をさいたのです。議論は半ばで、時間切れとなりました。しかし、児童虐待防止法を制定して、3年後に実情を見ながら改正しようというつくりにしました。

2004年改正では、児童虐待の定義の中に、子どもの目の前でDV等の暴力が繰り返されることを心理的虐待として「面前DV」が加えられました。また、2007年改正では、児童相談所による立入調査権限の強化等が盛り込まれていますが、私自身は、この二度にわたる児童虐待防止法の改正をめぐる全議論に参加し、超党派の立法チームを存続させることにも力を尽くしました。

虐待防止対策の課題

2011年、東日本大震災と東京電力・福島第一原発事故の直後に、私は世田谷区長に立候補し、就任することになります。議員立法としての児童虐待防止法の立法作業で、「自治体の責務」を議論し書き込んでいた立場から、同法が求める自治体の役割に責任を持つ立場となりました。

児童虐待防止法制定によって、基礎自治体である区市町村の役割は、「虐待の未然予防」「早期発見・早期対応」「虐待を受けた子の保護・自立」を軸にきわめて大きくなりました。世田谷区は、5つの総合支所に子ども・家庭支援センターを配置し、「児童虐待通告窓口」となりました。また、児童相談所と連

携して、関係機関と共に要保護児童対策地域協議会（要対協）を運営するネットワーク調整機能を果たしてきました。

世田谷区では、2015年から妊娠期から出産、就学前までの育児を切れ目なく支援する「世田谷版ネウボラ」を始めています。妊娠届が提出された妊婦と保健師が面接（2018年89.1％）を行い、また節目ごとに機会を設けて、産前産後の相談に応じています。また、実家機能を代替する新生児と母親が宿泊できる「産後ケアセンター」を日本助産師会に運営委託して孤立防止につとめてきました。

また、区内285の保育園、区立幼稚園 9 園、区立小中学校91校、児童館26館と、保育から地域の子育て支援、幼児教育から教育を支える区の仕事は濃密に重なりあっています。子どもが地域で成長する土台を担っているのは、まぎれもなく基礎自治体である区です。これまで、都の運営する児童相談所と、区の子ども家庭支援センターが連携しながらも、二元的な体制で「児童虐待」に向き合ってきましたが、率直に言って課題がありました。

近年、「児童虐待の疑いのある通告」は激増しています。都の児童相談所はどこも多くのケースを抱え、ワーカーは限界近くまで働いている状態だと聞いています。こうした事情もあって、児童相談所と子ども家庭支援センターの情報共有が十分でなかった状況があります。

子ども家庭支援センターが児童相談所からの依頼で、児童虐待の疑いで個別児童の調査を進めている中で、予告なく判断の根拠も明らかにされず「親子分離」の措置がされる場合があります。また、一時保護所や児童養護施設等にいる児童の状況も把握できません。児童相談所による措置解除で対象児童が帰宅する場合でも、区への予告連絡等がないなど、切れ目のない虐待防止を実現する上で困難な溝もありました。

区単独児童相談所設置へ

すでに、2006年には、「都区のあり方検討委員会」で児童相談所の移管は最優先事項として取り組むべきだとされましたが、実現までには長い時間を要しました。23区の区長でつくる特別区長会は「児童相談所移管」を厚生労働省に

第3章

要望し、2016年の児童福祉法改正によって、中核市等と並んで特別区も「児童相談所を設置することができる」とされ法的根拠が与えられました。そして、児童相談所移管に難色を示していた東京都との間で、「世田谷区・荒川区・江戸川区」が先行して2020年に児童相談所を設置することが決まりました。

　道は平坦ではありませんでした。児童相談所の施設も、スタッフも区の自力で立ち上げなければならなかったからです。世田谷区は、児童相談所設置を準備する検討委員会を、専門家アドバイザーに協力をしていただいて発足させました。委員長には、国の審議会や専門委員会の座長をつとめられた松原康雄・明治学院大学学長を、副委員長には、同じく国の専門委員会や新たな社会的養護の検討委員会の座長をつとめられた奥山眞紀子・元国立生育医療研究センター副院長・こころの診療部統括部長にお願いしました。ほかに津久井やまゆり園事件検証委員会委員長をつとめられた石渡和実・東洋英和女学院大学院教授、一場順子・弁護士、黒田邦夫・愛恵会乳児院施設長、鈴木秀洋・日本大学准教授と、児童相談所の準備にあたり第一線の専門家の皆さんに議論いただきました。

　児童福祉法（1947年制定）における児童相談所は、戦後の混乱期に当時の「戦災孤児」を保護・養育するためにスタートしています。児童相談所の措置により児童を保護する一時保護所の初期は、上野の地下道等で親を失った戦災孤児たちをトラックに乗せて「収容」したことに由来しています。

　そして、約半世紀後の1994年に、日本政府は「子どもの権利条約」を批准しました。本来なら、子どもを権利主体とした条約の趣旨に照らして、ただちに関係国内法を整備する必要があったのですが、児童福祉法に「子どもの権利条約」が反映されるのは2016年改正を待たなければなりませんでした。この改正によって、「児童は適切な養育を受け、健やかな成長・発達や自立が図られ、それらを保障される権利を有する」ことが明確になったのです。

　すなわち、「戦災孤児」の保護と養育のために構築された児童相談所や一時保護から社会的養護につながる仕組み自体が、「子どもの権利条約」に即して、バージョンアップしなければならないのです。世田谷区で児童相談所を設置す

ることが、こうした時代の要請に応えるものでなければならないと私は区議会や、職員に対して語り続けています。

検討委員会は、2019年1月に最終報告書をまとめました。児童相談所設置に関して、いくつか重要なポイントが挙げられ、区の設置方針としたことを列挙しておきます。

来年4月のオープンに向けて

まず、児童相談所設置と共に、すでに区内5カ所が存在して役割を果たしてきている子ども家庭支援センターを存続させます。児童相談所に日々寄せられるいわゆる「泣き声通報」については、子ども家庭支援センターが受け持ちます。また、児童相談所と子ども家庭支援センターが一体となって児童虐待防止の取り組みを進め、「児童虐待が疑われるケース」についても双方で関与しながらチームプレーで調査から事実確認を進めていきます。5カ所の子ども家庭支援センターの地域に対応して児童相談所職員の担当地域を決め、日常的に「顔の見える関係」をつくりながら情報共有を進め、個別児童のケースについても合同相談支援会議を通して、情報共有と同一の基準による判断をしていくようにします。

次に「虐待通告」の窓口一本化を実現します。児童相談所に通告等の電話を受けるチームを置いて、先にふれたように子ども家庭支援センターのネットワークと経験を生かすケース、すぐに児童相談所のワーカーが動くケース、また児童相談所に常駐する医師・弁護士の助言が必要なケース、また緊急性が高く警察・救急等の専門機関と連携をはかるケース等、時間をかけて経過を観察するケース等に分かれてくるだろうと思います。

また、虐待の中でも心理的外傷の大きな性的虐待等を受けた子どもに対して、入れ替わり立ち替わり繰り返し被害事実について聞くことのないように「被害確認面接室」を設置し、児童相談所職員、警察等の関係者が被害事実の確認ができる部屋をつくります。

一時保護所の「集団処遇」をやめ、個室と相部屋を配置して家庭的雰囲気の中で過ごせるように工夫し、職員体制を手厚くします。現在、一時保護所は定

員超過もあり、子ども同士の会話禁止等の規律が重視され、矯正施設の規則等が準用されている場合もあります。保護された子どもに非はなく、子どもの権利条約を基本に日常生活も組み立てていきます。学習室も自由に過ごせるラウンジ等生活面の自由度が広げられるつくりとします。

　一時保護所において、児童相談所の措置等について子ども自身がどのようなプロセスに置かれているのかを認識し、子ども自身の意見や希望を聞くことも重要です。子どもに寄り添い、子どもの利益第一の視点から意見をくみ取り、また子どもの権利を代弁する役割をする「アドボカシー保障」を制度化します。

　親子分離が決まり、社会的養護の制度化で子どもを養育する場合に、「養育里親」にマッチングすることが求められます。そのためには、世田谷区内でもまだごく少数の里親家庭を増やしていかなければなりません。区民に幅広く訴えて研修等の里親育成事業に力を入れていきます。

　2020年4月1日、世田谷区梅ヶ丘にある旧総合福祉センターの改修が終わり、世田谷区の児童相談所がオープンします。職員体制106名で準備を進めています。児童虐待防止を中心に、子どもたちの幸せのために力を尽してまいります。

児童虐待防止法等の今後の展望—おわりに

1．本書は子どもの命を守るという観点からそれぞれのポジションで研究し、又は制度設計や現場に関わっている者による論稿集である。紙面の都合上限られた分量にならざるを得ず、割愛せざるを得なかった部分もある。是非それぞれの執筆陣の専門書等をも読んで一層思考を深めてほしい。

　編著者から皆さんに提案がある。本書を是非、日々の仕事をする上で傍らに置き、何度も読み直してほしい。そして、職場・チーム全体の力を向上させるためにも、研修等で使ってほしい。研究者・実務者からの様々な論稿は、知識・思考面の補充に使うことができよう。里親、施設の思いや立場を知ることができよう。関係機関の連携場面での民間機関、警察や検察の立場を理解するにも有用である。自治体トップの視点や外部（ジャーナリスト）の視点から、内部の組織作りを検証してみることにも使えよう。そして、同じ自治体内にいながら、福祉・保健・教育という大きな壁、同じチーム内での児童福祉司、保健師、保育士、心理士、弁護士、事務担当等の間の壁の解消や相互理解のためにも積極的に活用してほしい。

2．今後の児童虐待対応に関して、法制度設計の課題と展望について記しておく。

　目黒区虐待死事件、野田市虐待死事件を受けて、令和元年の児童福祉法・児童虐待防止法等の改正が行われた。この法改正においては、実は、次のような検討規定が定められている。つまり、今後具体的内容を詰め、必要な措置を講じなければならない項目として、主に、次の5項目が挙げられている。残された課題であり、今後の方向性を理解する上で、ここにまとめておく。

⑴　まず、【速やかに】政府が検討を加えてその結果に基づいて必要な措置を

講ずる項目として、児童相談所の体制の強化に対する国の支援の在り方（附則7条。修正案で新設・追記）が挙げられる。

(2) 次に、【施行後1年を目途】とする項目として、①一時保護その他の措置に係る手続の在り方（修正案で附則7条2項に）。②児童福祉の専門知識・技術を必要とする支援を行う者の資格の在り方その他資質の向上策について（修正案で附則7条3項に）がある。

(3) 第三に、【施行後2年を目途】とする項目として、①児童の保護・支援に当たって児童が意見を述べる機会の確保と児童を支援する仕組みの構築その他の意見尊重、最善の利益が優先して考慮されるための措置の在り方が検討事項とされたが、修正案で措置の例示として、「児童の意見を聴く機会の確保」及び「児童の権利を擁護する仕組みの構築」を追加し、措置を義務付けた（必要があると認めるとき削除）（修正案附則7条4項）。②また、民法822条（懲戒権）の規定の在り方について（修正案で附則7条5項に）がある。

(4) 第四に、【施行後5年ないし5年間を目途】とする項目として、①児童相談所・一時保護所（児童相談所等）の整備状況、児童福祉司その他の児童相談所職員の確保状況を勘案し、中核市及び特別区が児童相談所を設置できるよう、児童相談所等の整備並びに職員の確保・育成の支援等の措置について（修正案で附則7条6項に）。②上記①の支援を講ずるに当たって関係地方公共団体その他の関係団体との連携を図ることについて（修正案で附則7条7項に）。③上記①の支援等の実施状況、児童相談所の設置状況及び児童虐待を巡る状況等を勘案し、児童相談所等の整備並びに職員の確保・育成の支援の在り方について（修正案で附則7条8項に）。④改正後の法律の施行の状況を勘案し、児童虐待の予防及び早期発見のための方策、児童虐待を受けた児童の保護及び自立の支援並びに保護者に対する指導及び支援の在り方その他の児童虐待の防止等に関する施策の在り方について（附則7条9項・修正案で新設）が挙げられる。

(5) 第五に、【公布後3年を目途】とする項目として、①配偶者からの暴力の発見者による通報の対象となる配偶者からの暴力の形態及び保護命令の申立て

をすることができる被害者の範囲の拡大について（附則8条1項・修正新設）。②そして、配偶者からの暴力に係る加害者の地域社会における更生のための指導及び支援の在り方について（附則第8条2項・修正案で新設）が挙げられる。

こうした項目が挙げられており、検討過程を注視していかねばならない。

3．最後に編著者として、児童虐待対応における三つの提言をして論稿をしめたい。児童虐待対応としては、⑴対応する職員個人の能力の向上、⑵組織マネジメントの向上、⑶地域マネジメントの向上、以上の三つの視点が重要であると考える。

まず、職員の能力向上と組織マネジメントの向上という視点からは、極めて実務的視点から、八つの具体的提言を行っておく。①新卒配置は原則行わないこと。②異動時期を4月1日に集中させずに、年に何度かに分けること。③児童相談所配置前に、児童福祉司として必要な知識習得のための研修や資格取得を済ませること（自治体としてのバックアップが必要となる）。④ケース担当を引き継ぐ場合は、主役である子どもの理解を得つつ、長期の引き継ぎ期間と重複担当期間を設けること。⑤組織の人員配置構成としては、保育士、保健師、医師、心理士、弁護士等の複数の専門職がチーム内にいるようにすること。それぞれ違った専門的観点から危機判断や見立てができるような組織作りを行うこと。⑥経験年数の浅い職員に対する集中的研修を行いつつ、1年目職員には必ずOJTとして、指導教育担当職員と二人体制での同行を経験させるなどの運用を行うこと（泣き声通報や介入の時に誰と誰を現場に向かわせるのかも、重要な危機管理マネジメント判断である）。⑦措置委託後の里親・施設との協議・支援の時間を増加させるための体制増強を組織として図ること。⑧児童福祉司や心理士の給与体系を見直すことや資格手当、特殊勤務手当などを制度化すること。こうした具体的提言について、自治体でも真摯に検討をしてほしい。

現場からは、給与体系の問題、拘束勤務時間の問題、人材育成・評価制度の問題、こうした点に配慮を求める声とともに、しかし、「辛いけど、これだけ

やりがいのある仕事はない」という声も多くあがる。組織の管理職や自治体トップの姿勢次第で、こうした使命感をもって取り組んでいる現場の職員らは、つぶれもするし、より使命感を高揚させチームの力を最大化することにもつながるのである。

　また、地域マネジメント向上の視点からは、2020年までに全市区町村で設置が義務付けられる「子育て世代包括支援センター（母子健康包括支援センター）」の設置と2022年度までに全市区町村で設置が義務付けられている「子ども家庭総合支援拠点」の設置とを基礎自治体が着実に進めていくことが大切である。

　そして、特にこの子ども家庭総合支援拠点は、組織及び地域の司令塔となって、地域のネットワーク組織である要保護児童対策地域協議会（子どもに係る庁内組織、保健所、学校、保育園、里親、児童養護施設、地域のNPO、民生・児童委員、医療機関、児童相談所、弁護士、警察等）を活用（役割分担と連携）しつつ、子どもの命を守っていく役割を果たすことが求められているのである。

　児童虐待対応というと児童相談所ばかりが注目されるが、地域資源を「面」でつなげ、切れ目のない支援を行っている市区町村と、現在は、「点」的介入が中心とならざるを得なくなっている都道府県児童相談所との間の支援と介入との役割分担、連携の制度設計・運用の徹底的な詰めの協議と見直しを行っていくことが急務である。

　そして、地域全体、一人ひとりが子どもの命を守る当事者であるという意識の広がりが、子どもの命を救う。一人ひとりが当該地域のまちづくりの一員であり、子どもの命を守る責任は私達一人ひとりにあるのである。一人ひとりの積極的な声かけや温かな見守りの目が幾重にも重なり合い、育まれていくことが児童虐待の最大の予防になるのである。

　本書の企画に賛同してくださった執筆陣の皆さんに、そして本書の企画時か

ら何度も意見交換し本書を出す勇気をくださり、一緒に歩んでくださいました友岡一郎さんにこの場を借りて厚くお礼申し上げます。

　本書が子どもに関わる自治体職員その他多くの人々の手元に届き、子どもに関わる人々への応援の書となることを祈念して。

2019年10月
　　すべての子ども達が、太陽の下で、誰に気兼ねすることなく、自由に、
　　生き生きと暮らせるように、そんな環境と未来は、私達が創る
　　―目黒、野田、札幌の地で花をおきつつ誓う

鈴木秀洋

執筆者一覧（掲載順、＊は編著者）

鈴木秀洋＊	日本大学危機管理学部准教授	はじめに／おわりに
奥山眞紀子	小児精神科医・元国立成育医療研究センター副院長	第1章
西澤　哲	山梨県立大学人間福祉学部教授	第1章
井上登生	医療法人井上小児科医院院長	第1章
山田不二子	医療法人社団三彦会山田内科胃腸科クリニック副院長 認定NPO法人チャイルドファーストジャパン理事長	第1章
中板育美	武蔵野大学看護学部看護学科教授	第1章
山川玲子	カウンセリングルーム「家族育ちあい応援室」 社会福祉法人子どもの虐待防止センター相談員	第1章
白田有香里	東京都江東児童相談所・児童福祉司	第2章
鈴木　聡	元三重県児童相談所	第2章
木村　朱	涌谷町福祉課子育て支援室	第2章
吉本和彦	岩国市健康福祉部地域医療課美和病院事務長	第2章
小島美樹	大田区こども家庭部子育て支援課	第2章
竹下将人	中津市福祉部子育て支援課	第2章
伊東沙季	静岡県健康福祉部こども未来局こども家庭課	第2章
宇都宮千賀子	広島県西部こども家庭センター	第2章
鈴木八重子	元公立保育園園長	第2章
鈴木　智	南房総市教育委員会教育相談センター長	第2章
土居和博	伊予市子ども総合センター長	第2章
下野厚子	元兵庫県立高等学校校長	第2章
新崎綾子	沖縄県公立小学校教諭（特別支援教育コーディネーター）	第2章
仁藤夢乃	一般社団法人Colabo代表	第2章
西山さつき	NPO法人レジリエンス	第2章
橋本達昌	児童養護施設「一陽」統括所長	第2章
齋藤直巨	里親・一般社団法人グローハッピー代表	第2章
山下敏雅	弁護士（永野・山下法律事務所）	第2章
船崎まみ	江戸川区総務部副参事・弁護士	第2章
河合　潔	前関東管区警察局長	第2章
浦岡修子	東京地方検察庁犯罪被害者支援室長・検事	第2章
坂根真理	毎日新聞記者	第3章
杉山　春	ルポライター	第3章
永松　悟	杵築市長	第3章
保坂展人	世田谷区長	第3章

著者紹介

鈴木秀洋（すずき　ひでひろ）　日本大学危機管理学部准教授

【略歴】元文京区子ども家庭支援センター所長、男女協働課長、危機管理課長、総務課課長補佐、東京23区法務部等歴任。【資格・所属学会】法務博士（専門職）、保育士。日本公法学会、日本こども虐待防止学会、警察政策学会、ジェンダー法学会。【審議会等】厚労省子ども家庭総合支援拠点の設置促進アドバイザー。内閣府男女共同参画の視点からの防災・復興の取組指針検討会。川崎市子どもの権利委員会、江東区こども・子育て会議、新宿区公の施設ヘイトスピーチ防止のための利用制限学識経験者意見聴取会、葛飾区人権施策推進のあり方懇談会、世田谷区効果的な児童相談行政の推進検討委員会、目黒区長期計画審議会、（厚労省市区町村の支援業務のあり方検討WG、内閣府ストーカー被害者支援マニュアル検討会、東京都性自認及び性的指向等に関する専門相談運営技術委員会、東京都オリンピック憲章にうたわれる人権尊重の理念実現のための条例意見聴取者。鎌倉市共生社会推進検討委員会委員長）。［児童虐待死事件検証WG委員］野田市、札幌市。【研究代表】2017、18、19年度子ども・子育て支援推進調査研究事業『子ども家庭総合支援拠点の設置促進に関する調査研究』等。『市区町村子ども家庭総合支援拠点設置・スタートアップマニュアル』策定。【著書】〔単〕『自治体職員のためのコンプライアンスチェックシート』、『自治体職員のための行政救済実務ハンドブック』／〔共〕『自治行政と争訟』、『自治体法務改革の理論』、『行政訴訟の実務』、『行政不服審査の実務』、『これからの自治体職員のための実践コンプライアンス』、【関連論文】「児童虐待防止対策の強化を図るための児童福祉法等の一部改正と実務に与える影響」『自治研究』、「香川目黒虐待死事件」の検証と再発防止提言」『議員NAVI』、「児童福祉行政における危機管理」『危機管理学研究』等。【授業】行政法ⅠⅡⅢ、地方自治法、災害と法、危機管理特講（自治体政策訟務、社会安全政策と法）
◎鈴木秀洋研究室HP　http://suzukihidehiro.com/w

子を、親を、児童虐待から救う　先達32人　現場の知恵　ⓒ　2019年

2019年（令和元年）11月19日　初版第1刷発行

定価はカバーに表示してあります。

編著者　鈴　木　秀　洋
発行者　大　田　昭　一
発行所　公　職　研

〒101-0051
東京都千代田区神田神保町2丁目20番地
　　　　TEL　03-3230-3701（代表）
　　　　　　　03-3230-3703（編集）
　　　　FAX　03-3230-1170
　　　　振替東京　6-154568

ISBN978-4-87526-392-0 C3036　http://www.koshokuken.co.jp

落丁・乱丁は取り替え致します。　PRINTED IN JAPAN　　印刷　日本ハイコム㈱
ISO14001 取得工場で印刷しました。

◆本書の一部または全部を無断で電子化、複製、転載等することは、一部例外を除き著作権法上禁止されています。